돈이 어렵지 않은
어른이 된다는 것

돈이 어렵지 않은
어른이 된다는 것

시골쥐
지음

재테크가
두려운 당신에게
시골쥐가 해주고 싶은 말들

웅진 지식하우스

차례

프롤로그
어른이 된다는 것   8

1장
시골쥐,
우물에서 벗어나다

도시로 상경한 시골쥐가 깨달은 것들

시골쥐의 탄생	14
사수 운이 없었던 신입의 결심	18
회사에 내 미래를 맡겨도 되는 걸까?	23
돈을 모으는 경험은 내 삶의 우선순위를 만드는 일이다	30
첫 월급, 어디에 넣을까?	41
같은 월급을 받아도 미래는 이렇게 달라진다	50

2장

시골쥐, 돈에 눈뜨다

주식으로 돈 불리는 비밀

나의 고백: 나에게 주식은 늪이었다	**58**
두 번의 처참한 실패로 깨닫게 된 주식의 기초	**65**
초보일수록 '미국 주식' 하세요	**71**
최고의 금융 발명품, ETF	**82**
늦게 만들수록 손해, ISA	**94**
연금저축, 젊은 나이에 이걸 왜?	**100**
안전 자산 (ft. 금, 달러, 채권)	**110**
투자는 결국 마인드셋	**118**

3장
시골쥐,
내 집 마련 성공기

차근차근 시작하는 부동산 공부

3억 원짜리 복권에 당첨되었다. 그런데…	**124**
10분이면 이해하는 청약의 거의 모든 것	**130**
눈물의 신도시 월세 라이프	**147**
전세 살까? 월세 살까?	**156**
전세 사기는 현실이다	**165**
'내 집'이 있어야 한다는 사실을 깨닫다	**180**
시골쥐, 드디어 도시에 내 집을 마련하다	**190**

4장

시골쥐, 인생의 운전대를 잡다

진짜 어른이 되고 싶은 이들을 위하여

인생에는 '돈을 모으는 시기'가 있다	**202**
마케팅의 함정을 피하는 방법	**206**
하고 싶은 일 VS 해야 하는 일	**212**
인생의 스펙트럼은 어떻게 넓어지는가	**216**
모든 것은 내공이 된다 (ft. 나의 N잡 경험기)	**221**
회사를 나와 내 일을 시작해도 될까?	**227**
우리를 나아가지 못하게 하는 마음들	**235**
나를 지키는 힘	**244**
모든 것은 상대적이다	**248**

에필로그
평범한 이십 대에서 진정한 어른으로   **253**

프롤로그

어른이 된다는 것

학교를 졸업하고 사회생활을 처음 시작했을 때 설레어 가슴이 두근거렸습니다. 이제 진짜 어른이 되었다고 생각했으니까요. 당시 제가 생각했던 어른은 깔끔한 셔츠 위에 멋진 사원증을 매고 맡은 일은 빠릿빠릿하게 처리하며 퇴근하면 적당히 넓은 20~30평대 집에서 여유롭게 내일을 준비하는 그런 사람이었습니다. 그런데 막상 직장을 다녀보니 제 모습이 그간 머릿속으로 그려본 '어른'과는 매우 달랐습니다. 멋진 사원증을 매려면 엄청난 경쟁을 뚫어야 하고, 깔끔한 셔츠를 입으려면 새벽같이 일어나 다림질을 해야 했습니다. 빠릿빠릿한 일 처리는 신입사원에게는 아득히 먼 일이었습니다. 퇴근하면 여유로운 시간을 보내기는커녕 뒤처지지 않기 위해 업무에 필요한 공부와 자기계발을 해야 했습니다. 아, 당연히 20~30평대 집은 저 같은 사회 초년생에겐 택도 없었지요.

깔끔한 셔츠는 일찍이 포기했습니다. 저에게 큰 성취감을 주었던 사원증도 시간이 흐르니까 그렇게 멋져 보이지 않았고요. 그래도 마음속에 결코 퇴색되지 않는 한 열망이 있었습니다. 빠른 시일 내로 지금 살고 있는 원룸보다는 조금 더 넓은 집에서 여유롭게 살겠다는 다짐이었죠. 세후 월급 180만 원을 받던 이십 대가 돈을 더 벌겠다고 어떤 일을 할 수 있었을까요? 대단한 일을 기대하셨다면 위안을 얻으실 수 있을 거예요. 저는 그저 시간이 날 때마다 업무 공부를 했고, 회사를 다니면서 대학 공부를 병행했고, 연봉과 복지가 더 좋은 회사로 이직을 준비했을 뿐입니다. 하지만 그런 시간들이 헛되지는 않았습니다. 해야 할 일들에 집중하다 보니 계좌에 돈이 차곡차곡 쌓여 있었고, 그간 했던 투자들이 크지는 않지만, 안정적인 결과를 만들어주었어요. 그렇게 저는 점점 제가 생각했던 어른에 가까워지는 기분이 들었습니다.

그런데 직장인 7년 차쯤 되었을 때 코로나19가 발발했습니다. 재택근무가 시작되었고 마침 일도 많이 줄어 야근도 거의 없었습니다. 어느새 회사생활에 여유가 생겼던 저는 이 감사한 여유 시간을 활용해서 유튜브를 시작하기로 했습니다. 더 정확히 말하자면, 퇴근 후 시간을 유용하게 써보고자 새로운 걸 해보고 싶었습니다. 지금이나 그때나 직장인 2대 허언으로 '퇴사'와 '유튜브'를 꼽는데, 퇴사는 두려워도 유튜브는 해볼 만하다는 생각이 들었죠. 하지만 서툰 편집으로 올린 영상에 대한 초기 반응은 차가웠습니다. 그래도 괜찮았습니다. 저는 꾸준히 하는 것 하나는 잘하니까요. 저는 성실하게 회사에 다닌 것처럼, 유튜브도 성실하게 했습니다. 제 꾸준한 노력을 알아봐준 걸까요? 어느 날 찾아온 알고리즘의 신이 제 채널을 그야말로 '떡상'시켜주었습니다. 그 뒤로, 제 인생이 완전히 바뀌었습니다.

저는 직장생활을 열심히 하고, 더 좋은 곳으로 이직하며 연봉을 높여가는 게 최종 목표인 사람이었습니다. 그런데 유튜브를 하면서 주변에 프리랜서, 사업가, 투자가 지인이 하나둘 생기기 시작하면서 목표가 달라졌습니다. 회사 밖에서도 잘 살아가는 지인들이 직장밖에 모르던 제게 새로운 길을 보여준 것입니다. 그들은 고용당하기도 했지만 저 같은 사람을 고용하기도 했고, 직장에서 주 40시간을 반드시 일해야 하는 저와는 달리 해외여행을 하는 중에도 노트북 하나로 언제든 일을 할 수 있었습니다. 저보다 적게 일하면서 돈은 더 많이 벌었고요. 성공한 직장인이라는 미래밖에 몰랐던 시골쥐는 어느새 회사 밖의 생활을 그려보는 사람이 되었습니다.

현재 저는 그들처럼 작은 사업을 운영하는 한 명의 소상공인이 되었습니다. 그동안은 오로지 월급을 높이기 위해 열심히 자기계발을 했다면, 지금은 여러 다양한 방면으로 성장할 제 모습을 기대하며 자기계발을 하고, 일합니다. 어렸을 때는 직장 하나만 보고 달리느라 볼 수 있는 세계가 좁았는데, 이제는 삶의 다양한 형태가 아주 잘 보입니다. 그래서 저도 조금은 더 자유롭고 다채롭게 살아보고 싶다고 생각합니다.

『돈이 어렵지 않은 어른이 된다는 것』은 도시로 상경한 시골쥐의 경험과 생각을 담은 책이자 지금의 시골쥐를 만든 재테크 경험을 알기 쉽게 정리해서 알려주는 책입니다. 1장은 사회생활을 갓 시작한 신입사원의 이야기입니다. 원룸을 탈출하기 위해 적은 월급을 열심히 모았던 경험과 현명한 소비 습관 만드는 비결이 담겨 있습니다. 2장은 주식에 손을 댔다가 실패한 이후로 오히려 돈에 더 밝아진 경험을 적었습니다. 제가 미국 주식만 하는 이유, 일찍부터 노후를 준비하는 이유 등 정보도 알차게 담았습니다. 3장은 시골쥐의 내 집 마련 성공기입니다. '내 집 마련'이 아직 막연하게 느껴지는 분들도 부동산을 좀 더 가깝게 느꼈으면 합니다. 4장은 제가 독자 여러분에게 늘 해주고 싶었던 이야기들입니다. 짧다면 짧고, 길다면 긴 10년간의 사회생활을 하면서, 다른 사람들과 공유하고 싶은 이야기가 맘속에 많이 쌓여 있었습니다. 제가 지나온 시간들이 사회 초년생 여러분에게 작은 팁이라도 되었으면 좋겠습니다.

물론 저도 아직 과거에 꿈꾸던 멋진 어른이 된 건 아닙니다. 그러나 그런 어른이 되기 위해 어떻게 살아야 하는지는 계속 깨닫고 있는 것 같습니다. 한 가지 확실히 말할 수 있는 건 '자유'를 얻을수록 삶이 더 만족스러워진다는 사실입니다. 그리고 이 자유는 돈과 시간에 달려 있다는 점도 매번 깨닫습니다. 여러분이 자유로운 삶을 통해 더 만족스러운 삶을 살길 바라며 지금까지의 제 고군분투 과정을 공유합니다.

1장
시골쥐,
우물에서 벗어나다

도시로 상경한 시골쥐가 깨달은 것들

시골쥐의 탄생

강연이나 영상을 통해 사람들이 가장 많이 하는 질문은 "해야 할까요? 말아야 할까요?"다. 선택은 언제나 우리를 주저하게 한다. 실패할까 봐 두렵기 때문이다. 하지만 이럴 때 나는 주로 해봐야 한다고 말하는 쪽이다. 해본다면, 스스로를 가두고 있는 우물에서 벗어날 기회를 얻을 수 있다. 만약 내가 창원에서 수원으로 올라오지 않았다면, 만약 내가 뒤늦게라도 대학을 가지 않았다면, 만약 내가 안정적인 직장을 두고 이직을 하지 않았다면, 만약 내가 유튜브를 시작하지 않았다면, 퇴사를 하지 않았다면… 나는 지금 어떤 삶을 살아가고 있을까? 두려움 대신 안정을 택했다면 나는 여전히 시골쥐로 만족하며 살아가고 있을지도 모른다. 인생에 정답은 없기에 안정을 추구하는 게 나쁜 것은 아니지만, 적어도 무언가를 알고도 안 하는 것과 몰라서 못하는 것은 다르다.

나는 경상남도 창원에서 나고 자랐다. 학교생활을 성실하게 했었던 터라 제법 좋은 성적으로 고등학교 졸업을 앞뒀고, 고민 끝에 대학 대신 삼성전자 소프트웨어직 고졸 공채에 지원해 합격했다. 열심히 했던 만큼 합격이라는 두 글자를 보았을 때 느낀 기쁨은 이루 말할 수 없이 컸다. 선망하던 회사에 합격했으니 이제는 꽃길이 펼쳐질 것만 같았다. 그런데 예상치 못했던 사건은 신입사원 교육연수에서부터 시작되었다.

코딩 시험을 잘 봤는지 가장 잘하는 반에 배정이 됐고, 같은 반이 된 스무 명 남짓이 모여서 자기소개를 했다. 자기소개를 시작하기 전까지만 해도 나는 나름 우쭐해 있었다. 하지만 '출시한 앱이 몇십만 다운로드를 기록했다는 열아홉 살의 앱 개발자', '무슨무슨 올림피아드', '무슨무슨 대회 우승 출신' 등 범접할 수 없는 이력의 소유자가 가득했다. 나도 어디서 꿇릴 게 없다고 생각했었는데, 그들 사이에서는 잘 부탁한다는 말밖에는 할 말이 없었다.

"안녕하세요. 창원에서 온 백송이라고 합니다. 잘 부탁드립니다."

"창원이 어디야?"
"경상도인가?"
"시골쥐ㅎㅎ"

그렇게 나는 순식간에 시골쥐가 되어 있었다. '어떻게 인구 100만 도시를 모르지?'라는 생각이 들기도 했지만, 여기서 1등을 해서 자존심을 회복하겠다는 생각으로 이 악물고 교육에 임했다. 그러나 2주간의 합숙 교육이 끝난 날, 1등은커녕 내 자존감은 바닥을 치고 있었다.

'저게 무슨 말이지? 나만 못 알아듣는 건가….'
'왜 쟤네는 이렇게 빨리 풀지?'
'왜 나만 모르지?'

그때 깨달았다. 내가 시골쥐인 것은 시골 출신(시골도 아니지만)이라서가 아니라 내가 알던 세계가 전부라고 생각했기 때문이라는 것을. 내가 살아온 환경에서는 이렇게 다채로운 선택을 하는 사람이 없었고, 이런 화려한 이력을 가진 사람도 없었다. 아니, 내가 보지 못했던 거겠지…. 내가 있던 우물에서 벗어나 넓은 세계를 보려면, 그들이 아는 것을 빨리 따라잡으려면 할 수 있는 일은 하나였다. 배우는 것. 학교를 졸업하면 더 이상 공부할 필요가 없다고 생각했지만, 학교를 졸업하고 나서부터가 진정한 공부의 시작이었다. 나는 나보다 많이 아는 사람이 보이면 먼저 다가가 열심히 묻고 배웠다.

"이게 무슨 말이야?"
"나도 좀 가르쳐주라."
"넌 어떻게 공부했어?"

나는 인생에서 굵직한 선택을 할 때마다 내가 성장했다고 믿는다. 대학에 가는 대신 취직을 하기로, 8년 넘게 다니던 회사를 그만두고 이직하기로, 유튜브를 시작해보기로, 회사 밖으로 나오기로…. 이런 선택들은 내가 익숙함에 젖어들 때마다 새로운 세상을 보여주었다. 우물은 내가 처한 환경에 익숙해질수록 더 깊어진다. 그렇기 때문에 지금 자신이 익숙한 환경에 있다면 눈 딱 감고 도전하는 것을 추천하고 싶다. 지금이 너무 안정적이어서 도전이 두렵다고 느낀다면 더더욱. 두렵더라도 결국 맞닥뜨려보면 아무것도 아닌 경우가 많고 오히려 더 넓은 세상과 다양한 기회, 그리고 자유를 만나게 된다.

사수 운이 없었던
신입의 결심

　회사생활은 기대한 것과는 많이 달랐다. 좋은 선배에게 차근차근 배우며 업무를 익힐 수 있을 거라고 예상했지만 그런 업무 환경은 몇몇의 신입사원만이 누릴 수 있는 행운이었다. 나는 운이 좋지 않았던 것일까. 물론 나에게도 여러 운이 따라줬지만, 사회 초년생들이 가장 필요로 하는 '사수 운'이 없었던 것은 확실했다. 하지만 그 덕분에 눈치가 빨라지고, 혼자서 씩씩하게 나아가는 법을 배웠으니 어떤 나쁜 환경에서도 건질 것은 있는 법이다.

　사회생활을 처음 시작한 나에게 회사 업무는 너무나 막막하고 어렵기만 했다. 우리 회사에서는 부서에 신입사원이 들어오면 사수를 배정해서 6개월간 오리엔테이션 과정을 거치는데, 하필 내 사수는 해외 출장이 많았다. 사수의 얼굴을 본 기간은 6개월 중 1개월이 채 안 되었던 것 같다. 너무나 부럽게도, 내 건너편에서 일하던 옆 부서의 신입사원은 부서장님이 사수를 자처하여 매일 2시간씩 개인 과외를 해주고 있었다. 피가 되고 살이 되는 업무 교육의 현장을 볼 때마다 왜 나는 방치당하고 있는지 속이 썩어 들어갔다. 그러다 생각을 고쳐먹었다. 가르쳐줄 사람이 없는데 별수 있나, 스스로 공부하는 수밖에. 나는 선배들에게 어떤 공부를 하면 좋을지 묻고 다니기 시작했다.

부서 선배들은 '네트워크(통신)' 기본 공부를 추천해주었다. 나는 입사 전까지만 해도 고등학교에서 내내 프로그래밍을 배웠고 입사도 소프트웨어직으로 했기에 코딩만 잘하면 된다고 생각했다. 하지만 코딩을 하기 위해서는 업계에 대한 이해가 필요했으며 통신은 타 업계에 비해 공부해야 하는 양이 방대하고 어려웠다. 피해가 되지 않으려면 혼자 틈틈이 공부를 하는 수밖에 없었다. 감사히도 회사에서는 인쇄가 무료이니 통신 관련 국제규격 문서를 수십 페이지씩 인쇄해서 기숙사로 가져가 매일 밤 공부했다.

그러다 CCNA(Cisco Certified Network Associate)라는 네트

워크 기술 자격시험을 알게 되었다. 지금 하는 업무와 겹치지는 않았으나 이런 자격증을 목표로 공부한다면 방대한 분야를 체계를 갖춰 공부해볼 수 있을 것 같았다. 그런데 문제는 CCNA는 미국 자격증이어서 한국어 자료가 거의 없다는 것이었다. 안 그래도 모르는 분야를 영어로 혼자 공부하는 것이 쉽지 않아 결국 학원을 알아보게 되었는데 업계 종사자가 적어서인지 교육기관은 서울 종로에 있는 학원이 유일했다. 상담을 하려고 학원을 찾은 날, 학원비가 무려 50만 원이라는 것을 알게 됐다.

꼭 필요한 것도 아닌 학원에 50만 원을 투자하는 게 옳은 일일까? 그리고 수원에서 종로까지 매일 왕복 3시간을 오갈 수 있을까? 한참을 고민했다. 그런데 가만 생각해보니 아무것도 모르는 사회 초년생에게 커리큘럼을 짜주고 하루에 3시간씩 교육을 해준다니 이득인 것 같기도 했다. 마치 사수가 생긴 느낌이랄까…. 어차피 퇴근 후에 할 것도 없었다. 그렇게 50만 원을 쓰고 돌아오는데 처음 와본 서울 종로의 밤길이 어찌나 외롭고 쓸쓸하던지.

그렇게 한 달 뒤, 자격시험을 앞두고 나자 또 돈 때문에 고민이 생겼다. 해외 자격증이라서 시험 응시료만 약 35만 원이 들었던 것이다. 학원비와 합치면 한 달에 나가는 돈만

85만 원… 월급의 절반 가까이가 훅 날아갈 상황이었다. 업무에 꼭 필요한 자격증도 아니기에 괜한 사치가 아닐까 싶었지만 결국 자격시험 응시비에 35만 원을 지불했다. 결과는 돈이 아까워서 열심히 한 덕분에 합격.

사실 이 자격증은 전공자가 한 달만 열심히 하면 딸 수 있는 정도의 수준이다. 그래도 나는 통신 분야 전공자도 아닐뿐더러 누가 시킨 것도 아닌데 스스로 알아보고 얻어낸 성취라는 것이 참 뿌듯했다. 부서장님은 내게 열심히 학원 다니더니 합격했냐고 물어보셨고, 합격 소식을 전하자 소식이 협업하고 있는 다른 부서에도 퍼졌다. "골쥐 씨! 퇴근하고 학원 다니면서 CCNA 땄다면서? 부서장이 골쥐 씨 자랑을 엄청 하더라고~" 솔직히 나는 이런 칭찬을 들어도 원망스러운 마음이 들 뿐이었다. 의욕이 넘쳤던 나를 방치할 때는 언제고…. 하지만 지금은 오히려 고맙다. 그때 방치되지 않았더라면 혼자서 일을 벌일 용기도 경험도 자격증도 없었을 테니까.

그리고 나는 처음으로 진짜 중요한 소비를 하는 법을 배웠다. 월급으로 세후 180만 원을 받던 내게 학원비 50만 원, 시험 응시료 35만 원은 엄청나게 큰돈이었지만 그때 내가 처한 상황을 극복하기 위해서는 꼭 필요한 지출이었다. 체계적인 커리큘럼 덕분에 아무것도 모르고 방치당하고 있던 내가 방향성을 잡고 공부할 수 있었고, 시험에 떨어지면 돈을 또 써야 했기에 더 열심히 공부할 수 있었다. 사회 초년생 때엔 월급도 적고 당장 주변에 즐길 거리가 넘쳐나서 시간도 돈도 막 쓰기 쉽다. 하지만 자기 자신을 위한 지출은 역량을 높이고 끈기를 길러준다. 자격증 하나 취득한 것이 누군가에게는 아무것도 아닐 수 있지만 내게는 아직도 잊을 수 없는 지출의 기억이자 앞으로 나 스스로를 믿고 나아갈 수 있게 해준 노력의 기억이다.

회사에 내 미래를 맡겨도 되는 걸까?

직장생활은 시간이 갈수록 안정을 찾았다. 이제는 업무에도 어느 정도 적응이 되기 시작했고 회사를 잘 다니는 것 말고는 딱히 할 게 없는 것 같았다. 그런데, 또다시 우물을 벗어나야 하는 순간이 찾아왔다.

내가 속했던 네트워크 사업부에서는 직무와 직급에 상관없이 모든 신입사원을 구미 생산 공장으로 한 달 동안 생산직 실습을 보냈다. 우리가 어떤 장비를 만들고 다루는지 직접 보게 하려는 취지였는데, 나도 6주간 구미 공장으로 생산 실습을 다녀왔다. 실습은 생각보다 훨씬 고된 일이었다. 무거운 통신 장비를 옮겨야 해서 몸이 힘들었고, 하루에 2번 종이 울릴 때만 10분간 쉴 수 있었기에 돈 벌기가 이렇게 힘들다는 것을 처음 느꼈을 정도다. 어찌어찌 실습을 잘 마치고 수원으로 복귀한 지 몇 개월이 지났을까, 구미 공장에 일이 몰리면서 각 부서에서 1명씩 지원 인력이 내려가야 했다. 대부분의 부서에서는 상대적으로 업무가 한가한 막내를 보내기로 했기 때문에 입사한 지 반년밖에 안 된 나도 마음의 준비를 단단히 하고 있었다. 그런데 하루가 지나도 아무 소식이 없었다. 그러다 매주 목요일 부서 주간회의가 있던 날, 나보다 늦게 입사했지만 나이가 많고 직급도 높아 내가 선배라고 믿고 따랐던 대졸 신입 선배가 갑자기 말을 꺼냈다.

"수석님, 다른 부서는 다 고졸 애들이 가는데 왜 우리 부서는 제가 가야 돼요?"

회의실에 갑자기 침묵이 흘렀다. 그제서야 알았다. 부서장님은 구미 공장에 내가 아닌, 나보다 3개월 늦게 입사한 그 선배를 보내기로 얘기했던 것이다. 나는 당연히 내가 갈 거라고 생각했고 언제든 갈 준비가 되어 있었다. 하지만 막상 이렇게 "고졸 애들"이라는 말과 함께 왜 쟤를 안 보내고 나를 보내느냐는 원망의 말을 들으니 마음이 복잡해졌다. 입사 시기도 비슷해서 내가 따르며 좋아했던 선배라 더 그랬나보다. 회사생활을 하며 다들 잘해주었고 어린 나이에 일을 시작했다며 장하다고 응원해주는 사람들만 가득했었는데…. 믿었던 사람이 나를 무시하고 있었다는 사실은 스무 살인 내게 큰 상처였다.

어느새 3년이 흘러 또 한 번 사건이 벌어졌다. 고졸 직급으로 입사한 나는 3년이 지나면 전문대졸 직급으로 승진 대상이 된다. 나는 이에 대비해 어학, 내부교육 등에서 모두 만점을 받고 상위 몇 명만 받는 고과도 여러 개 받아놓은 상태였다. 그런데 승진 대상자 명단에 내 이름이 없었다. 나뿐만이 아니라 부서 동기 20여 명 중에서도 승진을 한 사람은 한 명도 없었다. 부서장님은 이해가 되지 않는다는 말뿐이었고 인사팀에 문의해보니 승진 대상자가 많아서 내가 고과순으로 밀린 것 같다고만 했다.

알고 보니 승진을 하려면 보이지 않는 조건이 하나 더 있었다. 당시 마이스터고 출신과 특성화고 출신(둘 다 전문 직업인을 키우기 위한 고등학교지만, 마이스터고는 취업에 더 특화되고 전문적인 교육을 진행하며, 특성화고는 대학 진학 및 취업을 둘 다 고려한다)들의 진급 규정이 달랐던 것이다. 마이스터고 출신은 만 2년이 지난 시기에 하위 고과를 받지 않았다면 100% 진급했다. 하지만 나처럼 특성화고 출신들은 일단 만 3년이 지나야 하고, 마이스터고 출신들이 모두 진급을 하고 난 뒤에 남은 자리를 상위 고과를 받은 대상자순으로 채우고 있었다. 회사에서 알려준 것은 아니고 마이스터고 출신 동기들이 모두 2년 만에 진급하는 모습을 보면서 묻고 알게 된 사실이다.

내가 고등학교를 지원할 때만 해도 우리 지역에는 특성화고밖에 없었다. 마이스터고라는 것 자체를 몰라서 선택지에 마이스터고가 없었던 것인데…. 이때부터 정보가 부족하면 피해를 받는다는 사실을 여실히 깨달았다. 보통은 진급 T/O가 부족하기 때문에 특성화고 출신들은 매년 최상위 고과를 받지 않는 이상 진급이 어렵다. 나는 진급 누락 이후 분한 마음에 더욱 열심히 해서 계속 상위 고과를 받아 그다음 해에 진급할 수 있었지만, 입사한 지 10년이 지난 지금까지도 고졸 직급에 머물러 있는 회사 동기들도 있다.

이처럼 회사에는 보이지 않는 규정과 사건이 가득하다. 팀이 폭파되면 아무런 업무 연관이 없는 부서로 강제 전배를 가고, 회사 매출이 안 나오면 아빠뻘 상사들이 단체로 은퇴를 하고, 돈 못 버는 부서는 하루아침에 타 회사로 매각되기도 한다. 지금은 회사는 각 개인을 하나하나 신경써주는 봉사단체가 아니라 이익을 만들어야 하는 조직이라는 것을 알지만, 어릴 적 내가 생각했던 회사의 모습은 이런 게 아니었다. 그러나 내가 이런 상황을 겪었을 땐 억울해하는 것 말고는 할 수 있는 게 없었다. 불투명한 진급, 강제 전배, 사업부 매각, 잦은 조직 개편 등을 끊임없이 보면서 이런 회사를 믿고 내 미래를 맡겨도 되는 건가 하는 의구심이 들었다. 이때부터 조금씩 언젠가는 회사를 떠나는 내 모습을 그리게 된 것 같다. 하루아침에 강제 전배를 당해 우리 부서에 온 선배들은 항상 내게 말했다. "회사가 버리기 전에 네가 회사를 버릴 수 있어야 해."

그렇다고 이제 막 4년 차인 내가 당장 할 수 있는 건 없었다. 하지만, 어느새 회사에서도 여유가 생겨서 뒤늦게 대학을 가기로 마음먹었다. 다행히 고등학교 생활을 열심히 했던 덕분에 지원한 2개의 대학에서 모두 합격 통지서를 받을 수 있었다. 대학에는 어떤 친구들이 있을까 궁금했는데, 첫날 자기소개를 하면서 나는 또 한 번 내가 우물 안에 있었다는 사실을 깨달았다. 대학을 가기 전까지만 해도 내가 몸담고 있었던 삼성전자가 제일 좋은 회사인 줄 알고 있었지만, 한국은행, 한국거래소, 금융감독원 등 뉴스에서나 들어봤던 회사들을 다니는 친구들을 처음 만나게 되었고, 그 친구들은 나랑은 비교할 수도 없이 똑똑했다. 영어 교양 시간에 원어민 교수님과 영어로 농담을 주고받는 모습을 보니 머리를 맞은 것만 같았다. 지방에서 올라와서 입문 교육을 받았을 때도 수도권 친구들과의 수준 격차에 놀랐고, 회사에서는 선배들의 능력에 놀랐는데, 이번에는 나와 완전히 다른 곳에서 사회생활을 하고 있는 똑똑한 친구들을 보고 또다시 놀라게 된 것이다.

현업에서 공부하고 배운 것들에 비하면 대학에서 배우는 것들은 그리 대단치 않게 느껴졌지만 내가 모르던 세상을 볼 수 있게 해주고 다양한 사람을 만나게 해준 것만으로도 귀한 경험이었다. 회사를 잘 다니는 것 말고는 할 게 없다고 생각했던 내 시야는 어찌나 좁았던지…. 회사와 집만 오가다 보니 마치 회사가 세상의 전부인 양 살고 있었던 것이다. 고졸이라 무시당한 기억도, 진급을 누락당한 일도 그때는 씻을 수 없는 상처라고 생각했지만 회사 밖으로 한 발짝 나가서 바라보면 사실 엄청난 일도 아니었다. 그렇게 더 큰 세상을 만나자 내 인생에서 회사는 점점 전부가 아니게 되었다. 사회라는 전쟁터에서 자신을 지켜주는 것은 오로지 나밖에 없다는 것을 깨닫게 된 것이다.

그때쯤부터 주위 사람들이 하는 돈 이야기, 재테크 이야기가 들리기 시작했다. 회사 선배들이 돈과 재테크에 대해 얘기를 할 때에도 나는 커리어를 쌓는 게 더 중요하다고 생각해서 일부러 귀를 닫고 있었는데 이제 나의 관심사도 조금씩 달라졌다. 대학에서 만난 똑똑한 친구들도 회사 선배들처럼 재테크에 관심이 많았고 직접 투자도 하고 있었다. 그때 느껐다. '아, 내가 커리어를 신경 써야 한다는 핑계로 돈을 등한시하고 있었구나….' 그렇게 나도 돈에 관심을 가지기 시작했다.

돈을 모으는 경험은
내 삶의 우선순위를 만드는 일이다

시골쥐 채널이 조금씩 알려지기 시작한 건 '이십 대에 1억 모으는 방법'을 소개한 영상 덕분이었다. 대단한 사람들에 비해 엄청난 숫자는 아니지만 어린 나이에 많은 것을 이루었다고 생각해주시는 듯했다. 그만큼 사회 초년생은 시작하고 준비하는 단계이지, 결과를 내는 시기가 아니라는 인식이 강하다. 하지만 지방에서 자란, 지극히 평범한 내가 할 수 있었다면, 누구나 할 수 있다. 이십 대에도 큰돈을 모을 수 있고, 작지만 소중한 내 집 마련도 할 수 있다. 지금부터는 내가 이십 대에 어떻게 돈을 모았는지에 대해 이야기해보려 한다.

먼저 재테크라는 것에 대해 한번 짚고 넘어가고 싶다. '재테크'라는 말을 들으면 대개 주식이나 부동산 투자 같은 것들을 먼저 떠올린다. 그러나 나는 재테크의 시작은 자신에게 맞는 소비 습관을 몸에 익히고, 불필요한 지출을 줄이는 일이라고 생각한다. 내가 지금까지 유지하고 있는 소비 습관의 대부분은 이십 대 초반 신입사원 시절에 만들어졌다.

   회사생활 1년 차 시절에는 재테크에 관심이 없었다. 주식, 청약이 무엇인지조차 몰랐고 그저 내 부족함을 채우는 데만 집중하며 하루하루를 보냈다. 남에게 피해를 안 주고 싶어서 업무와 공부에만 신경 쓰니 꾸미는 비용이 거의 안 들었고, 술을 마시지 않으니 모임비나 술값이 들지 않았다. 돈을 아끼려고 허리띠를 졸라맸다기보다, 내가 몰두하는 것을 잘하려고 노력하다 보니 그 외의 것들에 관심을 갖지 않게 되었다는 말이 더 정확할 것 같다. 세상에는 너무 많은 정보, 돈을 쓰고 싶은 물건이 가득하다. 그럴수록 삶에서 몰두할 대상을 찾는 일은 중요하다. 현재 자신에게 필요한 것에 집중하다 보면 놀랍게도 돈은 자연스럽게 모인다.

   다만 그럼에도 사회 초년생에게 수도권의 기본 생활비는 너무 비싸다. 특히 주거비가 가장 큰 부분을 차지하는데, 나는 낡은 회사 기숙사에 월 3만 원을 내고 거주한 덕분에 주거비를 많이 아낄 수 있었다. 회사 기숙사가 없으면 어떡하냐고? 저렴한 동네를 찾는 방법도 있지만, 나라에서 지원해주는 공공임대주택 등 내가 모를 뿐 청년들이 저렴하게 살 수 있도록 지원하는 제도가 있다. 주거비(주거비는 3장에서 자세히 알아보자) 외에도 보험료, 교통비, 구독료 등 고정적으로 나가는 비용들이 있는데 우리는 이걸 먼저 최적화할 필요가 있다.

고정지출 최적화

고정지출은 주거비, 통신비, 교통비, 보험료 등 숨만 쉬어도 고정적으로 나가는 지출을 말한다. 살아가려면 당연히 나가는 지출이기에 꼭 필요한 소비라고 생각하겠지만 여기에도 '불필요한' 지출이 숨어 있다. 미처 챙기지 못해서 줄줄 새나가는 돈이 있는 것이다. 귀찮더라도 한번 시간을 내서 자신의 고정지출을 점검하는 시간을 가져보자.

○ 통신비

아직도 알뜰폰을 이용하지 않는 사회 초년생이 있다면 이것만은 필수라고 설득하고 싶다. 알뜰폰은 특정 휴대폰 기종을 말하는 게 아니라, 소형 통신사가 대형 3사 통신망을 빌려서 사용하는 것을 말한다. 대형 통신망을 사용하기에 망의 품질은 동일하지만 대리점 운영비, 광고비 등이 빠져 가격이 훨

썬 저렴하다. 대형 3사 통신사의 평균 통신요금은 (데이터 무제한 기준) 월 7~9만 원인 반면, 알뜰 통신사는 평균 1~2만 원 선이다. 물론 대형 3사는 선택약정 25% 할인이나 인터넷 및 가족결합 혜택을 제공하지만, 이런 혜택을 감안하더라도 알뜰폰이 더 저렴한 경우가 대부분이다. 심지어 내가 알뜰폰으로 교체할 때는 대형 통신사 1년 약정이 남아 있어서 위약금 10만 원을 내야 했다. 그럼에도 알뜰폰 요금이 워낙 저렴해서 두 달만 써도 위약금을 회수할 수 있었다. 도대체 왜 지금까지 비싼 통신비를 내고 있었을까!

다만 알뜰 통신사는 프로모션 가격이 많아 3~6개월 이후부터는 요금이 오른다. 그럼에도 알뜰폰에 발을 들인 사람은 절대 대형 3사 통신사로 돌아가지 못한다. 요금이 더 비싸지면 또 다른 알뜰 통신사로 요금제를 바꾸면 그만이기 때문이다. 이렇게 더 나은 조건을 찾아 통신사를 이리저리 옮겨 다니는 무리를 '알뜰폰 메뚜기'라고도 부른다. 몇 달마다 통신사를 이동하는 게 번거롭다고 느껴질 수 있지만, 알뜰폰 사이트에서 신청 버튼만 누르고 유심만 갈아 끼우면 끝이다. 알뜰폰에 관한 모든 정보와 신청 방법은 '모요'라는 사이트에서 얻을 수 있는데, 잊지 말고 사이트에 접속해서 온 가족의 통신사를 이동하자.

○ **보험료**

이십 대에게 보험을 잘 들고 있냐고 물어보면 대개 부모님이 해주고 있어서 잘 모른다고 답하거나 보험이 왜 필요한지 모르겠다고 답한다. 나 또한 이십 대 초반만 해도 누가 물어보면 부모님이 들어주셔서 잘 모른다고 답했지만, 지금은 보험의 중요성을 누구보다 잘 안다. 고정지출을 점검하기 위해서는 보험료를 꼭 한번 정리하는 게 좋다. 가입된 보험을 알아보려면 통합보험분석 서비스를 이용하면 되는데 요즘은 앱 하나로 내가 가지고 있는 모든 보험을 조회할 수 있고, 혜택이 제대로 들어가 있는지 분석해준다. 나도 호기심에 '시그널플래너'라는 통합보험분석 앱에 가입해봤다가, 부모님이 들어주신 월 11만 원짜리 어린이 보험(현재는 청년 보험이라는 이름으로 변경되었다)을 발견해서 해지하고 다른 보험사의 월 7만 원짜리 어린이 보험으로 갈아탔다. 4만 원이나 더 저렴하고 보장도 더 탄탄했기에 안 바꿀 이유가 없었다.

보험은 반드시 들어야 한다고 생각한다. 병은 예기치 못하게 찾아온다는 경험을 여러 차례 했기 때문이다. 나는 건강하던 스물세 살에 갑자기 허리디스크가 와서 병원 생활을 했으며 평소 술 담배도 안 하고 운동을 즐겨 하는 우리 아빠는 갑자기 위암 판정을 받았다. 건강한 사람에게도 갑작스레 찾아오는 청천벽력 같은 소식에 대비할 수 있는 방법은 보험뿐이다. 보통은 암, 뇌, 심장 질환이 보장되는 종합 보험과 실비 보험을 함께 추천하지만, 소득이 적어 보험료가 부담스러운 사회 초년생이라면 실비 보험만이라도 꼭 들기를 권한다. 실비 보험은 병원에서 치료를 받고 지출한 실제 치료비의 일부를 돌려받는 보험이다. 특정 질병이 발견된 후에는 보험 가입이 거절될 수도 있고, 관련 항목을 보장받을 수 없게 되니 병력이 없는 어린 나이에 가입하는 게 좋다. 웬만한 보장은 모두 받을 수 있을 뿐 아니라 실비 보험료는 건강할 때 가입하면 월 1~2만 원으로 매우 저렴하다.

보험에 관해 꽤나 열려 있음에도 내가 추천하지 않는 두 가지 보험이 있다. 혹시 자기도 모르게 이 보험들에 가입되어 있다면 해지를 고려해보라고 권하고 싶다.

종신 보험 | 종신 보험은 내가 사망할 경우 가족들에게 보험료가 지급되는 것인데 내가 미혼이어서 책임질 가족이 없거나 내 보험금이 없어도 가족들이 충분히 살아갈 수 있는 경우에는 굳이 가입할 필요가 없다. 혼자서 가정의 생계를 담당하는 외벌이일 경우에는 필요할 수 있지만 그럴 때는 종신 보험 말고 정기 보험을 가입하면 된다. 정기 보험이란 보장 기간이 60세, 70세 등으로 정해져 있는 사망 보험을 지칭하며, 종신 보험 대비 보험료가 상당히 저렴하다. 종신 보험은 별도의 보장 기간 없이 언제 사망

하든 보험금을 지급하는 보험이기에 보험료가 상대적으로 높다. 두 상품 모두 장단점이 있지만 설계사들은 보통 종신 보험을 권하는데, 그 이유는 종신 보험이 정기 보험보다 설계사 수수료가 높은 상품이기 때문이다.

저축 보험 | 보험 만기 시점이 되면 그동안 납부했던 보험료보다 더 많은 금액을 돌려주거나 사망 시 보험금을 지급해주는 보험이다. 원금+이자의 복리 효과 및 비과세 혜택이 있으나, 보험료의 일부를 사업비 명목으로 차감하여 이자를 계산하고, 보험료를 다 낸 뒤에도 유지비 명목으로 사업비가 차감된다. 일반적으로 금리가 고정되는 형태가 아닌 시중 금리에 연동되는 형태로 적립이 되기에 수익적으로도 큰 의미가 없다. 따라서 저축을 하고 싶다면, 저축 보험이 아닌 청년들에게 혜택이 좋은 정부 지원 예·적금을 추천한다.

○ 교통비

매일 출퇴근을 해야 한다면 교통비 부담도 꽤 크다. 나만 해도 월 10만 원 이상이 교통비로 나오는데, 요즘에는 교통비도 다양한 방법으로 할인 및 적립을 받아 청년이라면 평균 30% 이상의 혜택을 받을 수 있다. 대표적인 방법으로는 기후동행카드, K-패스, 지하철 정기권이 있다.

기후동행카드 | 탄소 배출로 인한 기후 위기에 대응하기 위한 목적으로 만들어졌다. 월 6만 2,000원으로 지하철, 버스를 모두 무제한으로 이용할 수 있으며 3,000원만 더 내면 월 6만 5,000원으로 따릉이까지 무제한으로 이용할 수 있다. 대중교통을 자주 이용하는 서울 사람이라면 안 쓸 이유가 없지만, 신분당선 및 광역버스 등 제한되는 대중교통이 있으니 유의하자.

K-패스 | 현재 내가 애용하고 있는 대중교통 적립 수단으로 전국에서 대중교통을 월 15회 이상(왕복 8일) 타는 사람이라면 안 쓸 이유가 없다. 대중교통에서 지출한 사용금액 중 청년은 30% 적립, 저소득층은 53% 적립, 이 외 일반인은 사용금액의 20%가 적립된다. 적립된 금액은 현금과 같아서 다음 달 바로 교통비로 사용할 수 있다. K-패스는 웬만한 신용카드와 체크카드에 있는 대중교통 혜택과는 비교도 안 될 만큼 혜택이 크므로 기후동행카드나 지하철 정기권 대상자가 아니라면 꼭 가입하자.

지하철 정기권 | 30일간 지하철 60회를 탑승할 수 있다. 지하철만 자주 이용하거나 기후동행카드를 사용할 수 없는 경기도민, 지하철이 있는 광역시 주민에게 추천한다. 단, 지하철을 월 50회 이상 이용해야 유의미한 혜택이다. 평일에만 지하철을 이용한다면 평균 월 22일(왕복 44회)을 이용하는 것으로 지하철 정기권보다는 K-패스를 사용하는 게 이득이다.

○ **구독료**

넷플릭스, 쿠팡 와우, 유튜브 프리미엄, 구글 드라이브, MS 오피스, 어도비 등등…. 요즘은 구독 서비스가 정말 많다. 큰 부담이 없는 액수인 듯하지만 전부 합하면 적지 않은 금액이다. 또한 일단 구독을 시작하면 잘 사용하지 않음에도 해지하는 것이 번거로우니 귀찮아서 그냥 두게 된다. 그렇게 내가 불필요한 곳에 돈을 지불하고 있다는 사실을 까먹은 채 몇 달, 몇 년이 지난다.

나는 메일이나 대용량 유튜브 영상이 많이 쌓여서 구글 드라이브를 고용량으로 구독하고 있다. 사실은 옛날 메일을 정리하거나 이제는 안 쓰는 영상들을 삭제하면 해결되는 것인데 정리하기가 귀찮아서 매달 불필요한 돈을 지출했다. 넷플릭스 구독료는 서비스 초기에만 해도 4명이서 12,000원으로 이용할 수 있었지만, 몇 년 사이 17,000원까지 인상되었으며 동시 이용 가능 인원에 강력한 제약이 생겼다. 쿠팡 와우 멤버십 또한 2018년에 2,900원으로 시작하더니 2021년에 4,990원이 되었으며, 2024년에는 추가 인상하여 7,890원이 되었다. 이렇게 구독료가 점점 인상되는 것을 두고 '구독플레이션(구독 + 인플레이션)'이라는 말까지 나왔다.

지금 당장 구독료에 얼마를 쓰고 있는지 점검해보고 내가 편리함을 위해 불필요한 소비를 하는 건 아닌지 생각해보자. 넷플릭스가 없어도 유튜브나 TV로 많은 프로그램을 볼 수 있다. 나는 고정비를 최적화하기 위해 구글 드라이브 구독과 유튜브 프리미엄을 해지했지만 생각보다 불편하지 않았다. 그리고 유튜브 광고를 보기 싫을 때 영상을 끄고 책을 읽게 된 건 예상치 못한 장점이다.

차근차근 만들어가는
지출 습관

고정지출 최적화는 소비 습관 관리에 가장 기본적인 단계라고 할 수 있다. 자기도 모르는 사이 새어나가는 지출을 점검하고 알뜰한 소비 방식을 몸에 익히는 계기가 되기 때문이다. 고정지출을 아껴보라고 하면 사고 싶은 것을 참고, 먹고 싶은 것을 먹지 말라는 거냐며 오해하기도 하지만, 사실은 그렇지 않다. 고정지출은 숨만 쉬어도 나가는 주거비, 통신비 등의 비용일 뿐 자신의 욕구와는 큰 상관이 없다. 하루라도 빨리 고정지출을 정리하고 관리할수록 내 계좌에 돈이 쌓이는 속도가 달라지고, 아낀 돈으로 치킨이라도 한 마리 더 사 먹을 수 있다. 또한 고정지출을 관리하기 시작하면 변동지출에도 관심이 생기는데, 그렇게 차근차근 지출 관리를 시작하게 된다. 돈 관리가 어렵다고 생각해서 그렇지, 막상 하나씩 정리해보면 이렇게 재밌고 단순할 수가 없다. 초반에만 잘 정리해두면 앞으로 많은 시간을 투자할 필요가 없는 것은 덤이다.

　사회 초년생 시절, 나는 나 자신이 여러모로 부족하다고 느꼈다. 그래서 남들이 어떤 옷을 입고 어떤 가방을 메는지에 신경 쓰기보다는, 내가 잘하지 못하는 부분에 대해 고민하며 더 나아가려 애썼다. 그러다 보니 자연스레 소비에 대한 관심이 줄어들었고, 돈이 조금씩 모이기 시작했다. 이 과정에서 돈뿐만 아니라, 나 자신에 대한 믿음과 자신감도 쌓였다. 돈을 모은다는 건 하고 싶은 걸 억지로 참는 힘든 일이 아니라 내 삶의 우선순위를 다시 세우고 집중하는 멋진 경험이었다. 내 상황을 객관적으로 바라보고 작은 변화부터 시작해보면 어떨까? 돈은 그저 따라오는 결과일 뿐, 중요한 건 내 삶에 집중하는 그 과정이다.

첫 월급,
어디에 넣을까?

나의 첫 월급은 세후 180만 원이었다. 갓 월급을 받기 시작한 스무 살짜리가 주식이고 투자고 알 턱이 없었다. 요즘은 재테크 지식이 보편화되어 있고 정보도 넘쳐흐르지만 그때 나는 돈이 있으면 통장에 넣어두는 방법밖에 몰랐다. 그런데 지금 와서 생각했을 때 그 시기에 내가 정말 잘한 선택이 하나 있다. 부모님의 성화에 못 이겨 세 개의 계좌를 만든 일이다.

첫째, 연금저축펀드 계좌를 만들고 매달 35만 원을 입금했다. 그때만 해도 부모님의 투자 방식에 반감이 있었다. 180만 원 중에 35만 원을 납부하라는 것 자체가 부담이었고 심지어 '연금'이기 때문에 당장 돈을 뺄 수도 없었다. 하지만 부모님은 연금은 어릴수록, 돈 쓸 데가 없을수록 가입해야 한다며 앞으로 35만 원은 없는 셈 치고 돈을 넣으라고 하셨다. 딱 35만 원을 넣었던 이유는 연금저축펀드가 연말정산 시 세액공제를 해줬기 때문인데, 당시 세액공제 한도가 연 400만 원이었으니(2024년은 연 600만 원) 12개월 치를 넣으면 420만 원이 되는 35만 원으로 정한 것이다. 내가 너무 싫어했던 탓에 부모님이 매달 자동이체가 잘 되고 있는지 확인을 하시기도 했다. 그렇게 3년이 흐르고 펀드 계좌를 확인해보니 2천만 원이 약간 넘는 돈이 쌓여 있었다. 36개월간 쌓인 원금이 1,260만 원인 것을 생각해보면 돈은 예상보다 엄청나게 불어 있었고, 어차피 그 돈을 거기 안 넣는다고 다른 데에 쓸 곳도 없었다. 모든 연금저축펀드가 이런 수익률을 내는 것은 아니지만, 결과적으로 부모님이 옳았다. 나처럼 꼭 매월 35만 원이나 납부하지는 않아도 되니 연금저축펀드는 2장에서 더 자세히 알아보자.

둘째, 주택청약통장을 만들고 매달 10만 원을 입금했다. 부모님뿐 아니라 회사 선배들도 꼭 만들라고 조언했기 때문에 이번에는 반항하지 않고 만들었다. 하지만, 당장 아파트를 살 돈도 없는데 왜 벌써부터 신축 아파트를 신청하기 위한 저축을 해야 하는지는 잘 이해가 되지 않았다. 나중에야 알았다. 청약이라는 건 돈이 없어도 할 수 있으며 거주를 위한 목

적도 있지만 투자를 위한 목적도 있다는 것을. 최대한 빨리 만들어야 하는 이유는 계좌 유지 기간이 길고 납입액이 쌓일수록 좋은 아파트에 당첨될 확률이 높아지기 때문이다. 그렇다면 얼마를 넣어야 할까? 청약통장의 최소 납입금액은 2만 원이고, 최대 납입금액은 25만 원(2024년 11월부터 적용)이다. 여유가 있다면 25만 원씩 넣는 게 좋지만 사회 초년생에게는 25만 원도 매우 큰돈이니 10만 원을 추천한다. 청약에 대해서는 3장에서 쉽고 자세하게 설명할 것이니 일단은 월 10만 원씩은 납입하는 게 좋다는 것 정도만 알아두자.

셋째, 새마을금고 출자금 통장에 남는 돈을 넣었다. 새마을금고의 특정 지점에서 출자금 통장이라는 것을 만들면 내가 저축하는 돈이 그 지점에서 자금 운용비로 쓰이고 매년 이익이 발생했을 경우 이자 형태로 배당금을 지급받는다. 그래서 같은 출자금 통장을 만든다고 해도 매년 배당금은 지점에 따라 다른데, 나는 부모님이 계신 여수의 모 지점에 가입을 했다. 운이 좋게도 당시에 해당 지점의 이익률이 높아 연 배당률 5%를 받을 수 있었다. 그러나 출자금 통장은 대부분 2금융권에서 만들 수 있고 예금자 보호가 되지 않아 재무 상태가 악화될 경우 원금 손실이 날 수도 있으니 조심해야 한다.

꼭 출자금 통장을 추천하는 것은 아니고, 예·적금 계좌를 만들 때는 꼭 최고 금리를 찾아서 넣으라는 이야기를 하고 싶다. 처음 월급을 받으면 대개 회사와 가깝거나 동료들이 주로 쓰는 은행이라고 해서 별다른 고민 없이 월급 통장 은행을 선택하게 된다. 하지만 같은 돈을 어느 은행, 어느 통장에 예치하느냐에 따라 1년에 커피 몇 잔이라도 더 마실 수 있다. 소수점 단위의 금리 차이가 쓸모 없어 보이더라도 조금이라도 나은 금리를 찾는 연습은 재테크의 기본이다. 모든 은행 및 저축은행, 협동조합 등의 예·적금 상품은 금융감독원의 '금융상품한눈에'에서 확인할 수 있으나 업데이트가 잘 안 되는 편이기 때문에 '마이뱅크'나 네이버 페이의 예·적금 비교에서 검색해보기를 추천한다.

목돈 마련을 위한 첫걸음

내가 처음 월급을 받을 때만해도 고금리를 받을 수 있는 선택지가 얼마 없어 출자금 통장을 이용할 수밖에 없었지만, 지금은 정부에서 청년을 위한 혜택을 제공하고 있고, 은행에서도 다양한 통장 상품을 내놓고 있다. 오히려 종류가 너무 많아서 어떤 계좌를 선택해야 좋을지 고민이 될 것이다. 월급을 잘 관리하고 싶다면, 내가 소개하는 계좌들을 중점적으로 고민해봤으면 좋겠다.

○ 청년도약계좌

　2024년 10월을 기준으로 가장 가입할 만한 청년 상품은 청년도약계좌다. 청년도약계좌는 청년 세대의 기회를 보장하고 자립할 수 있는 기반을 마련하고자 정부에서 지원해주는 적금 통장이다. 만 19세부터 만 34세까지 가능하며 월 최대 70만 원까지 납입할 수 있다. 가장 큰 혜택은 소득에 따라 납입액의 일부분에 정부기여금을 추가 저축해준다는 것이다. 시중 은행 대비 금리가 높으며 심지어 이자에 대해 세금을 낼 필요도 없는 비과세 혜택까지 받을 수 있다. 대상만 된다면 가입하지 않을 이유가 없다. 5년간 저축을 지속해야 하는 점이 부담스러울 수 있지만 결혼, 출산, 내 집 마련, 퇴사 등 큰돈이 필요한 경우에는 '특별중도해지'가 언제든 가능하고 혜택 또한 그대로 받을 수 있다. 그렇다면 이 계좌를 만들면 혜택을 얼마나 받을 수 있는 걸까?

　청년도약계좌는 급여에 상관없이 최대 월 70만 원을 저축할 수 있는데, 내 저축액에 정부가 일정 비율을 곱해 추가 저축을 해주는 정부기여금과 통장 자체의 기본 이자로 구성된다.

청년도약계좌 정부기여금

개인 소득	정부기여금(月)		
	지급 한도	매칭 비율	한도
총급여 2,400만 원↓ (종합소득 1,600만 원↓)	40만 원	6.0%	2.4만 원
총급여 3,600만 원↓ (종합소득 2,600만 원↓)	50만 원	4.6%	2.3만 원
총급여 4,800만 원↓ (종합소득 3,600만 원↓)	60만 원	3.7%	2.2만 원
총급여 6,000만 원↓ (종합소득 4,800만 원↓)	70만 원	3.0%	2.1만 원
총급여 7,500만 원↓ (종합소득 6,300만 원↓)	─	─	─

    총급여가 2,400만 원 이하일 때가 정부기여금이 가장 많다. 다만 소득별로 지급 한도가 있는데 총급여 2,400만 원 이하를 받는 사람이 월 70만 원을 납입한다면 40만 원에 6%를 곱한 2.4만원이 추가 적립되고, 나머지 30만 원에 대해서는 3%의 금리를 곱한 정부기여금이 추가 적립된다. 지급 한도를 넘어서는 금액에 대해서는 원래 기여금을 주지 않았지만, 올해 8월 말부터 개선이 되어 비과세를 포함하면 연 9.54%의 적금에 가입하는 것과 동일한 효과를 낸다. 애초에 이런 금리를 주는 적금도 없지만, 5년간 납입을 계속한다면 만기 시 받을 수 있는 정부기여금만 150만 원이 넘으므로 웬

만하면 월 70만 원은 꽉 채워서 가입했으면 좋겠다. 당장 학자금 대출 등으로 저축이 어려운 상황이라면 소득별 지급 한도(2400만 원 이하인 경우 40만 원)라도 꽉 채워서 저축하자.

혹시 총급여가 6,000만 원을 초과하는 경우는 청년도약계좌가 꼭 답은 아니다. 총소득이 6,000만 원 이하라면 70만 원에 대해 3%의 기여금을 받을 수 있지만, 6,000만 원을 초과한다면 은행 이율 혜택만을 받을 수 있기 때문이다. 물론 일반 예·적금에서는 찾기 어려운 금리 5%와 이자소득에 대해 비과세 혜택을 받을 수 있지만, 이 정도의 소득이라면 일반 적금과 비슷한 청년도약계좌에 굳이 돈을 묶어둘 필요는 없다고 생각한다. 이처럼 청년 관련 계좌들은 소득에 따라서 가입이 불가한 경우가 있고, 또 소득에 따라 혜택 구간이 달라지니 본인의 소득에 따른 이익을 잘 계산해보고 가입하는 게 좋다. 정부가 만들어준 계좌는 소득이 낮을수록 혜택이 좋기에 특히 사회 초년생일수록 빨리 가입하자.

○ 고금리 파킹 통장 찾기

'파킹 통장'은 잠깐 주차(parking)를 해둔다는 의미로 언제든지 돈을 입출금 할 수 있는 입출금 통장을 말한다. 월급 통장 등 다른 입출금 계좌와는 다르게 높은 이율을 제공하기 때문에 투자, 지출 등을 하고 남은 돈은 파킹 통장에 넣어두고 관리하기를 권한다. 네이버 페이의 예·적금 비교에 들어가 '파킹'을 선택하면 고금리 파킹 통장이 잘 정리되어 있다. 여기서 유의해야 할 점은 상품 설명을 자세히 읽어봐야 한다는 것이다. 파격적인 고금리 상품을 보고 놀랐다가 상세 설명을 보고 실망한 적이 한두 번이 아니다. 이런 고금리 상품들은 특정 이벤트 당첨자만 가능하다든지, 납입 한도가 1만 원까지만 가능하다든지 하는 어처구니없는 조건이 붙는다. 그러니 높은 금리에 현혹되지 말고 상세 조건을 제대로 확인해보자.

현명한 돈 습관
몸에 익히기

이십 대가 끝나가는 지금 시점에서 생각해보니 사회 초년생 때가 현명한 돈 관리 습관을 몸에 익히기에 가장 완벽한 시기였던 것 같다. 소비 습관은 정말이지 바꾸기가 힘들어서, 한번 몸에 익힌 나쁜 습관은 쉽게 몸에서 떨어지지 않는다. 나는 고정지출을 정리하며 불필요한 소비를 차단하는 습관을 들였고, 부모님의 성화로 가입한 계좌들 덕분에 세후 180만 원이라는 작고 소중한 월급을 효율적으로 관리할 수 있었다. 그렇게 월급의 80%를 모아갔더니 어느새 '시드머니'라고 이름 붙일 수 있을 만한 목돈이 생겼다. 내가 월급의 80%를 모았다고 하면 가장 많이 듣는 소리가 "너는 회사에 기숙사가 있었으니 주거비가 거의 안 들어서 가능했겠지. 근데 내 상황에선 현실적으로 불가능해"라는 말이다. 물론 이해할 수 있는 말이다. 나 또한 첫 월세로 피 같은 45만 원을 지출했으니까. 하지만 막상 3년 동안 낡은 6평짜리 3인실 기숙사에서 공용 화장실을 쓰면서 살겠냐는 선택지가 주어졌을 때 이를 선택하는 사람을 찾기는 쉽지 않다.

각자의 삶에서 무엇이 중요한지는 다르다. 어떤 사람은 주거비 때문에 힘들어하지만 어떤 사람은 회사 기숙사를 이용하거나 공공임대주택을 찾아 저렴한 주거비로 생활한다. 나는 선택의 폭이 주어졌을 때, 내가 할 수 있는 최선의 길을 찾고 선택했을 뿐이다. 중요한 건 우리가 스스로의 삶에서 무엇이 중요한지 제대로 알고 그 선택에 책임을 지는 것이다. 물론 세상은 쉬운 선택지만 주지는 않는다. 그렇지만 내가 내 삶의 방향을 스스로 책임지고 나아갈 때 비로소 내게 맞는 속도와 방식으로 앞으로 나아갈 수 있다. 내 앞에 놓인 나의 운전대를 잡고 가야만 자신만의 길을 찾아갈 수 있다는 사실을 기억하자.

같은 월급을 받아도
미래는 이렇게 달라진다

열심히 돈을 아끼고 모았다면 다음 단계는 무엇일까? 드디어 돈을 불려야 할 차례다. 재테크의 세계에 발을 들여야 할 때가 온 것이다. 예·적금만 충실히 한 사람과 현재 트렌드를 읽고 똘똘하게 재테크한 사람을 한눈에 비교해보았다. 처음에 둘의 차이는 그리 크지 않지만 시간이 지나면 차이가 비교할 수 없이 커진다. 여기 연봉 3,000만 원을 받는 A, B, C가 있다.

- 적당히 쓸 거 쓰며 예·적금만 하는 A
- 줄일 것을 줄이며 재테크 습관이 잡힌 B
- 돈 관리에 관심이 전혀 없는 C

이 책을 읽고 있는 사람들은 아마 A나 B일 것이다. 돈을 모을 생각이 없는 C는 이 책에 관심이 없을 테고, 일찍 투자에 눈을 뜬 B는 알아서 잘하고 있겠지만 확신을 위해 책을 읽고 있을 수도 있다. 조금씩 재테크에 관심을 가지기 시작한 A와 지금도 잘하고 있는 B의 미래는 어떻게 달라질까?

○ **A의 한 달 고정 소비 패턴 (세후 월급 220만 원)**

- 주거비: 원룸 월세 45만 원 + 관리비 10만 원
- 통신비: 대형 통신사 요금제 7만 원
- 보험료: 부모님이 들어준 보험 월 15만 원
- 교통비: 10만 원
- 식비: 60만 원 (하루 외식비 2만 원)
- 저축: 73만 원 (금리 3% 적금 통장에 저축)

A는 나름대로 돈을 최대한 아끼고 있다. 주거비는 요즘 수도권 원룸 월세 치고는 저렴한 편이고, 통신료도 대형 통신사의 무제한 요금제 중 가장 저렴한 요금제를 사용하며, 택시도 타지 않고, 오마카세 같은 비싼 외식도 하지 않는다. 데이트 비용이나 외모를 꾸미는 비용도 없다. 그럼에도 사회 초년생이라서 월급이 적으니 남은 돈은 73만 원뿐이다. 겨울 외투 한 벌이라도 구매한다면 저축 가능한 돈은 더 적어질

수밖에 없다.

○ **B의 한 달 고정 소비 패턴** (세후 월급 220만 원)

- 주거비: 원룸 월세 15만 원 (주거지원제도) + 관리비 5만 원
- 통신비: 알뜰 통신사 요금제 1만 원
- 보험료: 10만 원
- 교통비: 8만 원
- 식비: 25만 원 (매주 장보기 비용 5만 원)
- 저축: 156만 원 (S&P 500 ETF에 투자)

B는 일찍부터 정보에 밝아 행복주택 등 정부의 주거지원제도를 이용해 집을 구했으며 고정지출 최적화를 통해 통신비, 보험료, 교통비를 아꼈다. 여기다가 식비까지 파격적으로 줄인 비결은 집에서 밥을 해 먹기 때문이다. B는 한 주에 5만 원 정도 장을 봐서 요리해 먹는 습관을 들였다. 배달 음식만 해도 최소 주문 금액이 2만 원인 시대에 한 주에 5만 원으로 어떻게 사냐고? 마트에서 한번 장을 봐보자. 생각보다 큰 비용이 들어가지 않아서 놀랄지도 모른다. 그렇게 요리를 해 먹는 습관에 재미를 붙이면, 그동안 비싼 식비를 지불했다는 생각에 배달 음식은 시켜 먹을 생각도 들지 않을 것이다. A와 B의 지출 습관의 차이가 조금 극단적이라고 생각할 수 있지만,

A와 B가 눈에 띄게 다른 삶을 산다고 생각되지는 않을 것이다. 하지만 4년이 지난 뒤에는 어떨까?

○ 4년 후 A의 자산: 36,928,891원

금리 3%짜리 적금에 저축했지만 일반 예·적금 통장은 이자에 대한 과세가 있어 실제 수익률은 약 2.6%다. 더 큰 문제는 물가 상승률이다. 3% 이자를 받았더라도 물가는 4%가 올라서 돈의 가치는 이보다 하락했을 수도 있다.

매월 **73**만 원씩 **4**년 동안
연 이율 **3%**로 저축하면

총 **3,692만 8,891원**을 수령하실 수 있습니다.

원금 합계	35,040,000원
세전 이자	2,232,732원
이자 과세(15.4%)	-343,841원
월복리 3%, 일반 과세 기준	
세후 수령액	36,928,891

○ 4년 후 B의 자산: 86,395,673원

B는 남는 돈을 예·적금 통장에 넣지 않고 미국의 시장 지수인 S&P 500 ETF에 투자했다. 지금은 시장 지수나 ETF 같은 말이 낯설 테니 쉽게 설명하자면 B는 애플이나 마이크로소프트와 같은 미국의 대기업들에 투자했다고 보면 된다. 물

론 주식 시장에는 하락장이 올 수 있지만 S&P 500 지수의 1922~2023년간 연 평균 수익률은 8%였다.

> 매월 **156만 원**씩 **4년 동안**
> 연 이율 **8%**로 저축하면
>
> 총 **8,639만 5,673원**을 수령하실 수 있습니다.
>
> | | |
> |---|---|
> | 원금 합계 | 74,880,000원 |
> | 세전 이자 | 13,611,907원 |
> | 이자 과세(15.4%) | -2,096,234원 |
> | 월복리 8%, 일반 과세 기준 | |
> | 세후 수령액 | 86,395,673 |

4년이 지났을 뿐인데 A와 B가 모은 돈은 2배가 넘게 차이가 난다. 이 가정에는 매년 연봉 상승률 및 세액공제, 비과세 등의 혜택은 전혀 포함하지 않았으므로 이런 내용도 포함한다면 B는 4년 안에 1억을 모을 가능성이 크다. 이렇게 재테크를 하는 사람과 하지 않는 사람은 몇 년만 지나도 쉽게 좁힐 수 없는 자산 격차가 생긴다. 다른 사람이 얼마를 벌든 상관이 없다고 생각할 수 있지만, B는 재테크에 밝으므로 곧 주식, 부동산 등 자산을 갖게 될 것이고 인플레이션에 따라 자산 가치는 계속해서 오른다. 자산이 알아서 올라주는 B는 어느 순간이 되면 지금만큼 열심히 저축하지 않아도 된다. 하지만 상대적으로 자산이 부족한 A는 물가 상승에 따라 가만히 있어도 점점 가난해지며 결혼이나 퇴사, 부모님의 병환 등 인생의 중대사가 찾아왔을 때 후회하게 될 가능성이 크다. 하지만 직접 겪기 전까지는 절대 체감할 수 없다. 그럼 저축을 열심히 해도 내 돈의 가치가 점점 떨어진다고 하는데, 대체 어떻게 해야 할까?

우리는 B의 좋은 사례를 보았다. 이제 투자라는 새로운 단계로 넘어갈 때다. 처음에는 투자 공부가 어렵고, 원금 손실에 대한 걱정 때문에 주저할 수 있다. 나도 똑같은 과정을 겪었기 때문이다. 하지만 자신이 힘들게 번 돈을 제대로 지키고 불리기 위한 방법을 배운다고 생각하면, 조금씩 투자 공부를 시작하는 것이 오히려 든든한 첫걸음이 될 수 있다. 처음엔 나도 재테크라는 말이 주는 무게감이 너무 크게 느껴졌다. 새로운 분야를 또 하나 공부해야 하는 것 같아 귀찮기도 했다. 하지만, 이 공부는 단순한 지식이 아닌 내 삶을 더 풍요롭게 만들어줄 힘이었다.

재테크 공부는 단순히 돈을 더 많이 벌려고 하는 게 아니라 내가 지금까지 노력해서 번 돈을 지키고, 그 돈으로 내 꿈과 목표를 더 가까이 실현할 수 있게 도우려고 하는 것이다. 지방에서 올라온 시골쥐도 낯선 환경에 적응해가며 조금씩 배웠던 것처럼, 작은 것부터 시작해보자. 한 발 한 발 나아갈 때마다 내 돈이 더욱 소중하게 다가오고, 그 돈이 나를 위해 일하게 될 것이다. 지금이 그 첫걸음을 내딛을 순간이다. 작은 공부가 내 미래를 얼마나 크게 바꿀 수 있는지 상상해보면, 단순한 공부 이상의 가치를 지닌다는 걸 느낄 수 있을 것이다.

2장

시골쥐, 돈에 눈뜨다

주식으로 돈 불리는 비밀

나의 고백:
나에게 주식은 늪이었다

나는 잘만 하면 주식이 훌륭한 재테크 수단이 될 수 있다고 생각한다. 그런데 절대 잊으면 안 되는 전제가 있다. 바로 '잘만 하면'이라는 전제다. 지금은 나도 '주식 덕' 좀 보고 있지만, 언제 주식에 입문하게 되었느냐는 질문을 받을 때마다 마음 한구석이 뜨끔하다. 스물셋의 나이에 부끄러운 실패를 경험한 뒤에야 제대로 된 주식 투자를 할 수 있었기 때문이다. 실패는 한 번에 그치지 않고 무려 두 번이었는데, 투자에 무지하던 그때의 나는 하지 말아야 할 일을 하고 말았다. "이거 사면 대박 난다"는 타인의 달콤한 유혹에 홀딱 넘어가 '무지성 투자'를 해버린 것이다. 두 번의 비극은 그렇게 시작되었다.

적금밖에 모르던
나의 첫 투자

　새로운 세상이 열렸다. 직장생활을 하며 대학을 병행하게 된 스물세 살의 나는 한동안 들떠 있었다. 교양 수업을 들으며 다양한 전공의 친구들과 교류하게 되었고, 그들에게서 내가 모르던 세상을 엿볼 수 있었기 때문이다. 특히 재테크에 관심이 많은 상경계열 친구들과 대화할 때면 절로 감탄이 나왔다. 기껏해야 적금밖에 모르던 그때의 나에게 그들의 대화는 매우 신선하게 다가왔다. 그들은 내가 회사에서 열심히 일하고 있을 때, 주식으로 작게는 몇십만 원부터 크게는 몇백, 몇천까지도 수익을 냈다. 휴대폰 터치 몇 번으로 그렇게 큰돈을 번다고? 나는 매일 최소 8시간 이상을 회사에 갖다 바쳐야만 돈을 벌 수 있는데… '현타'가 왔다. '내 월급은 이제 세후 200만 원… 한 달에 20일 정도 일하면 일급은 10만 원, 시급은… 이렇게 벌어서 모조리 저축한들 얼마나 모을 수 있을까?' 나는 그간 노동으로 버는 돈이 전부라고 생각하며 재테크를 등한시해왔다는 것을 그제야 깨달았다.

　자본주의사회의 본질을 모르고 있었다는 생각에 정신이 번쩍 들었고, 친구들에게 물어물어 주식 계좌도 만들고 내친김에 주식도 샀다. 첫 주식은 초보자가 사랑하는 1등 주식,

삼성전자였다. 그런데 가만히 살펴보니 투자로 돈 좀 번다는 친구들은 삼성전자 같은 큰 회사가 아니라 처음 들어보는 작은 회사들의 주식으로 엄청난 수익을 얻고 있었다. 리스크를 감수해야 돈을 번다는 한 친구의 말이 떠올랐다. 그길로 나는 증권사에 다니는 친구가 추천한 종목에 100만 원을 투자했다. 처음 들어본 회사이고 무엇을 하는 곳인지도 몰랐지만 망설이지 않았다. 매일 주식 창만 들여다보는 전문가 친구의 추천이었으니까. 나도 이런 게 무지성 투자라는 걸 알았지만, 내 친구는 (내가 보기에) 전문가였다!

결과는 어땠느냐고? 투자(정확히는 투기)하고 한 달 뒤, 내 주식 창은 파란색으로 물들었다. '묻지 마 투자'를 한 내가 할 수 있는 것이라고는 마음속으로 애꿎은 친구를 은근히 원망하며 도대체 언제 오르냐고 물어보는 것뿐이었다. 그렇게 반년이 지났고, 그 기업의 주식은 돌연 거래정지 상태가 되었다. 다른 주식들은 다 가격이 움직이는데 내 주식만 가만히 있는 게 이상했다. 그제야 나는 이 회사가 도대체 무엇을 하는 곳인지 알아보았다. 주식 거래정지 상태가 된 이유는 경영진의 횡령 혐의 때문이었다. 이후 1년이 지나고 이 비운의 주식은 상장폐지가 되어, 나는 투자한 돈을 한 푼도 돌려받을 수 없게 되었다. -5%도 아니고 -10%도 아니고 -100%라니…. 예전에 나는 약간의 원금 손실도 무서워 투자에 큰 관심을 두지 않고 적금만 했다. 그러나 거래정지와 상장폐지를 겪어보니 5~10% 정도의 원금 손실은 아무것도 아니었다. 원금 전부가 사라질 수도 있는 거였다.

도대체 무엇을 믿고 투자했을까? 생각해보면 친구는 증권업계에서 만 3년을 일한 직장인에 지나지 않았다. 믿을 만한 전문가라고 생각하기에는 경력이 짧았다. (친구도 N천만 원의 손해를 보았다.) 물론 증권사에서 수십 년을 일한 임원의 말이라고 해도 그대로 믿고 투자해서는 안 될 것이다. 제아무리 뛰어난 전문가의 말이라도 그대로 믿고 '묻지 마 투자'를 한다면 그것은 투기에 지나지 않기 때문이다.

회사 일이나 열심히 하려 했지만

나는 같은 실수를 다시 하지 않는 현명한 사람은 아니었다. 타인의 말만 믿은 어리석은 투자로 상장폐지라는 처참한 성적표를 받은 뒤에도 자꾸만 귀가 팔랑였다. 이래서 도박에 한번 빠지면 쉽게 도박을 끊지 못한다는 걸까? 한번 주식에 관심을 갖기 시작하자, 주식으로 돈을 버는 사람들이 눈에 보이기 시작했다. 나와 절친했던 A 선배는 네이버와 카카오에

초창기 투자하여 1억 원 이상의 수익을 내고 있었다. '헐… 어떻게 저렇게 큰돈을 그대로 갖고 있지? 나라면 진작 팔았을 텐데….' 선배는 대기업 주식뿐만 아니라 중소·중견 기업에도 '가치 투자'를 한다고 했다. 다시는 종목 추천을 받지 않으려고 했지만… 내 눈에 그 선배는 이전 대학교 동기보다 더 똑똑하고 믿을 만한 사람이었고, 친구보다 더 큰 수익을 냈기에 그냥 믿고 따르고 싶었다.

그렇게 A 선배에게 한 중소기업 주식을 추천받았다. 이번에는 같은 실수를 하지 않기 위해 이 회사가 어떤 회사인지, 최근에는 무슨 이슈가 있는지 정도는 파악하고 매수했다. 투자 천재 선배가 추천한 종목이어서일까. 주가는 일주일 내내 쭉쭉 올라갔다. 나는 일을 하다가도 한 시간에 한 번씩 몰래 주가 창을 들여다볼 정도로 행복했다. 선배는 이 종목에 호재가 많으니 추가 매수를 한다고 했고, 그 말에 혹한 나도 투자금을 늘렸다. 수익률로 빨개진 주식 잔고를 보니, 나도 이제는 노동을 하지 않아도 돈을 벌 수 있다는 사실에 정말 기뻤다. 주식이 하락하기 전까지는.

참 이상한 일이다. 왜 호재밖에 없는 회사의 주가가 하락할까? 떨어질 이유가 없었는데도 주가는 갑자기 크게 하락하기 시작했다. 처음에는 추가 매수를 할 기회라며 투자금을 더 붓기도 했지만, 투자 손실은 점점 더 커졌다. 100만 원이었던 투자 원금이 어느새 2천만 원이 되었을 때쯤 손실률은 −50%가 되었고 1천만 원이라는 큰돈을 잃고 말았다. 팔지 않았으니 잃은 게 아니라며 나를 위로했지만, 1년 반 동안 버티고 버티다가 결국 1천만 원을 손절하게 되었다. 버티면 오른다는 말에 1년 반을 가지고 있었으나, 떨어지면 더 떨어졌지 오를 낌새가 보이지 않았다. 기존에 갖고 있던 삼성전자 또한 몇 년째 거의 오르지 않아 함께 정리했다. 그렇게 내 인생 첫 번째와 두 번째 주식 투자가 실패로 끝이 났다. (5년이 넘게 지난 지금도 가끔 그 종목을 검색해보는데, 내가 손절한 금액보다 주가가 더 떨어졌다. 더 버텼으면 큰일 날 뻔했다.) 사실 나는 이 두 번의 주식 투자 실패 후에도 다양한 실수를 했다. 비트코인이 좋다는 말을 듣고 투자했다가 손절한 적도 있다.

'회사 일이나 열심히 하자.'
이것이 모든 종류의 재테크를 두고 내가 최종적으로 내린 결론이었다.

'뇌동매매'라는 말이 있다. 투자자 스스로 소신 있게 확실한 예측을 하지 못하고, 시장 전체의 인기나 다른 투자자의 움직임에 편승해 매매에 나서는 행위를 의미한다. 예전의 나 같은 사람을 떠올리면 된다. 비단 나뿐만이 아니다. 아마 수 많은 사람이 뇌동매매에서 자유롭지 못할 것이다. 혹시 이 글을 읽으며 마음 한구석이 불편하다면 이제부터 그러지 않으면 된다.

왜 자꾸 타인의 말에 기대려고 할까? 돌이켜보면 그때 나는 공부와 고생은 최대한 피하면서 큰돈을 벌고 싶었던 것 같다. 그러면 안 된다는 사실을 알면서도 쉬운 길을 택하고 싶었다. 하지만 그런 식의 투자로는 돈을 벌 수 없다. 행여 타인의 말을 듣고 한 번은 성공한다고 치자. 그다음에도 성공할 것이라고 어떻게 장담하며, 실패하면 누구를 원망할 것인가? "뭐 하면 돈 번다더라"라는 말을 믿지 말자. 돈을 번 사람이 있으면 분명 돈을 잃은 사람도 있다. 그리고, 잃은 자는 말이 없다. 나도 천만 원을 잃었다고 말하기까지는 오랜 시간이 걸렸다.

무엇보다도 결정의 주체는 내가 되어야 한다. 타인에 기대어 내리는 투자 결정은 '투자'가 아니라 '투기'다. 나는 여러 번 투자에 실패한 뒤에야 이 사실을 깨달았다.

두 번의 처참한 실패로
깨닫게 된 주식의 기초

　주식 투자에 실패하고 나서는 한동안 회사만 열심히 다녔다. 해봤자 돈만 더 까먹고 업무 집중력만 더 흐려졌기 때문이다. 그렇게 어느덧 6년 차, 만 5년을 일했는데도 내 인생은 달라진 게 없었다. 회사 기숙사는 만 3년을 채워 나오게 되었지만, 나는 여전히 원룸 오피스텔에 살고 있었다. 물론 예·적금으로 착실히 1억 원을 모으기는 했지만 이런 속도로는 회사 근처에 집 한 채 마련하기도 어려웠다. 10년 뒤에도 원룸에서 살면 어떡하지? 다시 투자를 해야 하나? 하지만 주식 투자를 하자니 실패의 경험이 쓰라리고, 부동산 투자를 하자니 한 번에 큰돈이 들어가 두려웠다.

돌고 돌아 내가 내린 결론은 결국 소액 투자가 가능한 '주식'이었다. 같은 실수를 세 번 할 수는 없었다. 나는 집 근처 서점에 가서 주식과 관련된 책을 찾아보기로 했다. 무슨 책부터 읽어야 할지 몰라 무작정 경제·경영 베스트셀러 코너로 향했다. 두 달 동안 1위부터 15위까지의 책들을 모조리 읽었더니 아주 조금씩 투자에 대한 감이 잡히기 시작했다. 주식이란 무엇인지, 매수·매도는 어떻게 하는지, 상장폐지가 무엇인지도 제대로 알게 되었다. 또한 그때부터 기업을 직접 분석하고자 노력했다. 그제야 나는 스스로 노력하여 '투기'가 아닌 '투자'를 하려는 사람으로 거듭났던 것이다.

수십 권의 책을 읽고
주식의 기초를 다지다

　지금도 나는 오랜만에 서점에 가서 경제·경영 매대로 향했던 그때의 나를 칭찬하고 싶다. 뇌동매매를 피하려는 긍정적인 움직임이었으니까. 역시 돈을 잃어봐야 하나 보다. 그 덕에 기본 지식과 실패 확률이 적은 투자법에 대해 어렴풋이 감을 잡았다.

　주식이란 무엇일까? 이번 참에 확실히 짚고 넘어가보자.

대기업, 중견기업, 일부 스타트업들은 규모를 키우거나 회사를 운영하려면 수백억에서 수조 원에 이르기까지 큰돈이 필요하다. 기업을 운영할 자금을 조달하기 위해 회사는 주식을 발행하여 외부 투자를 받고, 투자자들에게 회사의 지분을 일부 나눠준다. 실제로 상장 기업의 지분율을 보면 대표자가 회사 지분을 100% 보유하고 있는 경우는 거의 없고, 투자 회사나 관계사들이 더 많은 지분을 가진 경우가 대부분이다. 이때 투자자들이 특정 기업의 주식을 매수하는 이유는 당연히 수익을 올리기 위해서이다. 성장 가능성이 있는 회사에 제대로 투자했다면 투자자는 추후 주가 상승을 통해 큰 수익을 기대할 수 있기 때문이다. 그러므로 주식을 시작하려는 우리는 반드시 '성장 가능성'이 있는 회사에 투자해야 한다.

그럼 도대체 어떤 기업에 투자해야 할까? 나는 두 번의 뼈아픈 실패와 몇 년 동안의 주식 공부 및 실전 투자를 통해, '좋은 기업'이라고 무조건 주가가 오르지는 않는다는 사실을 깨달았다. 아무리 좋은 기업이라도 매수하려는 사람들이 있어야, 즉 그곳에 관심이 있는 투자자가 많아야 주가가 상승한다. 기업의 성과가 뛰어나고 재무구조가 탄탄해도 투자 트렌드와 맞지 않아 평생 큰 관심을 받지 못하는 기업이 많다. 이런 곳에 투자하면 수익을 내기 어렵다. 투자 트렌드가 그렇게 중요할까?

코로나 시기를 떠올려보자. 이때 코로나 진단 키트 및 비대면 시스템 관련 회사들의 주가가 폭등했다. 한편 미세먼지가 한창 기승을 부릴 때는 미세먼지 관련 회사의 주가가 큰 폭으로 올랐다. 그래서 투자자는 항상 뉴스, 신문 등에 눈과 귀를 열어두며 투자 트렌드를 파악해야 하는 것이다. 현재의 투자 트렌드에 부합한다고 생각하는 회사들의 주가를 한 달 정도만 따라가며 변화 추이를 살펴보아도 큰 도움이 된다. (참고로 "이것이 유행이라더라" 하는 지인이나 뉴스의 말을 믿고 투자하지는 말았으면 한다. 그런 정보가 내 귀에 들어왔을 때는 이미 늦었을 가능성이 높다.)

그런가 하면 내가 투자하려는 회사 대표의 성향을 파악해보는 과정도 필요하다. 큰 규모의 기업도 결국 대표의 결정을 통해 사업 방향이 정해지는 경우가 많기 때문인데, 검색을 통해 과거 기사나 인터뷰 등을 찾아보면 좋다. 인터뷰에서 말했던 내용이 실제로 지켜지고 있는지, 혹시 대표가 물의를 일으킨 경우는 없는지 등을 확인해보자. (나의 첫 번째 종목은 경영진의 횡령 혐의 때문에 상장폐지를 당했다.)

이제 본격적인 기업 분석이 남았다. 기업 분석을 하려면 재무제표를 읽을 줄 알아야 한다는 말을 들어보았을 것이다. 재무제표란 기업 경영에 따른 재무 상태를 파악하기 위해 회계원칙에 따라 작성된 재무 보고서를 뜻하는데, 금융감독원 전자공시시스템 DART(dart.fss.or.kr)에서 누구나 확인할 수 있다. 재무제표를 제대로 읽어낼 수만 있다면 기업 분석에 유용한 정보를 많이 얻을 수 있다. 문제는 회계 지식이 부족한 초보자가 수백 페이지에 달하는 재무제표를 분석하기가 쉽지 않다는 데 있다. 나는 DART에서는 관심 있는 회사의 개요 및 사업 내용까지만 읽어보아도 충분하다고 생각한다. 이후에는 여러 증권사 앱이나 네이버 증권 등에서 제공하는 기업에 대한 설명과 분석을 참고하면 된다.

나는 평소 네이버 증권에 수시로 들어가 관심 있는 회사를 검색해본다. 이곳에서 알고 싶은 기업의 종합 정보, 시세, 차트, 뉴스 공시, 종목 분석, 전자 공시 등을 알아볼 수 있다. 특히 '종합 정보'에서 기업의 매출, 영업이익 등 최근 실적을 확인할 수 있는데, DART보다 훨씬 직관적이라 이해하기 쉽다. 여기서 영업이익이란 기업이 순수하게 영업 활동을 통해 벌어들인 수익을 뜻하는데, 매출액에서 매출원가, 일반 관리비, 판매비를 뺀 나머지를 말한다. 영업이익률이 얼마인지 살펴보면 회사의 재무 상태가 얼마나 탄탄한지 가늠해볼 수 있다. 나는 영업이익이 10%가 넘으면 훌륭하고, 20%가 넘는다면 매우 뛰어나다고 생각한다. 영업이익이 지나치게 낮은 경우 경쟁이 심하거나 시장에서 가치를 높게 인정받지 못하는 사업일 수 있다. 영업이익이 지속적으로 감소하고 있지는 않은지도 유심히 살펴보면 좋다.

'주식 포기자'로 남을 뻔했던 나는 어느 시점부터 주식을 통해 수익을 내기 시작했다. 한 종목으로 1천만 원의 수익을 내기도 했고, 시장이 좋을 때는 1년에 약 3,700만 원을 벌기도 했다. 어떻게 이런 일이 가능했을까? 비결은 공부와 고생에 있었다. 예전에는 이 두 가지가 하기 싫어서 타인에게 내 투자의 운명을 맡겼다. 그런데 그런 마음을 버렸더니 어느새 투자에 대한 주관이 생기고 자신감이 붙어 주가가 떨어져도 마음이 요동치지 않았다. 정확히는 좋은 회사의 주식을 사뒀기에 매일의 주가에 일희일비하지 않았다. 오히려 자료 조사와 기업 분석을 통해 내 결정에 확신이 생기니 주가가 조금 떨어졌을 땐 추가 매수를 하여 이익을 내기도 했다. 그렇게 나는 노동 소득을 넘어 자본 소득을 얻기 시작했고 원룸 오피스텔을 벗어날 수 있을 것 같다는 희망도 생겨나기 시작했다.

초보일수록
'미국 주식' 하세요

아직도 휴면 상태가 된 주식 계좌에 다시 로그인하던 그날의 설렘과 떨림을 잊지 못한다. 타인의 판단이 아닌 오롯이 나의 결단으로 주식을 매수했다. 그렇게 미국의 시가총액 1등인 회사 애플에 투자하기 시작했다. 국내 주식도 아닌 미국 주식에 투자한 이유는 그동안 읽었던 책들이 하나같이 미국 주식을 추천했기 때문이다. 결과는 대성공이었다. 애플이 1주당 80불 정도일 때 매수하여 최근 200불에 매도했다. 5년 동안 애플이라는 종목의 매수와 매도를 반복하고 추가 매수까지 했더니 꽤 큰 수익을 얻을 수 있었다. 앞서 말한 나에게 약 3,700만 원을 벌어다준 바로 그 종목이 애플이었다. 투자 초보자에게 미국 주식이라고 하면 어렵게 느껴져서 삼성전자, LG화학 같은 국내 우량주부터 매수하는 이들이 많지만, 내 경험상 미국 주식이 주식 초보자에게 유리한 면을 더 많이 가지고 있다.

왕초보 주식 투자자일수록
미국 주식에 주목해야 하는 이유

나는 유튜브에도 미국 주식을 추천하는 영상을 몇 편 올린 적이 있다. 자신 있게 추천했던 이유는 구독자 중 많은 비중을 차지하는 이삼십 대 직장인에게 미국 주식이 유리하다고 확신했기 때문이다. 전문 투자자가 아닌 평범한 직장인이 국내 주식, 특히 소형주로 차익을 실현하기는 생각보다 어렵다. 장이 요동치는 소형주에 투자한 경우는 기업 분석을 더욱 철저히 해야 하고, 주식 그래프도 자주 들여다봐야 한다. 업무 시간에 집중해야 하는 직장인에게는 쉽지 않은 일이다. 그런데 내가 투자한 미국 주식인 애플과 같은 종목은 워낙 유명하니 정보 찾기가 수월할 뿐만 아니라 어려운 기업 분석에 매달릴 필요도 없다. 또한 애초에 단기 차익을 실현하는 목적이 아니라 기업의 가치를 믿고 '가치 투자'를 하는 것이므로 매시간 주식 창을 들여다보는 수고를 하지 않아도 된다. 직장인에게 적합한 또 하나의 이유는 애초에 미국 주식이 시차 문제로 밤(한국 시간으로 22시 30분, 서머타임 23시 30분)에 개장하다 보니, 업무 시간에 영향을 주지 않는다는 데 있다.

출처: portfoliovisualizer

　정말 미국 주식으로 돈을 벌 수 있을지 고민하는 분들을 위해 직관적으로 살펴볼 수 있는 데이터를 준비했다. 한국 종합주가지수(KOSPI)와 비슷한 iShares MSCI South Korea ETF와 미국 뉴욕 증시의 대표 주가지수 중 하나인 S&P 500 ETF의 주가 추이를 비교한 그래프이다. (무슨 말인지 잘 모르겠더라도 그냥 빨간 선이 한국 주식이구나, 파란 선이 미국 주식이구나 하고 넘어가면 된다.) 그래프를 보면 국내 주식의 15년간 총 누적 수익률은 약 40% 정도이고 2010년부터 2018년까지는 지수가 횡보하며 '박스피'에 갇힌 모습을 보인다. 이에 비해 S&P 500 지수는 2010년부터 지금까지 약 560%의 수익을 냈다.

　그렇다고 해서 미국 주식만이 답이고 국내 주식은 거들떠

볼 필요가 없다는 말은 아니다. 차트의 시작 지점을 2000년에서 2020년까지로 조정하면 미국보다 한국의 주가 상승률이 더 높아지기 때문이다. 2000년부터 국내 주식에 장기 투자했다면 충분히 큰 수익을 낼 수 있었다는 말인데, 나는 이러한 점을 감안하더라도 미국 주식의 안정성이 높아서 주식 초보가 수익을 내기 유리하다고 생각한다. 일단 미국 주식의 규모가 한국 주식에 비해 월등히 크기 때문이다. 미국 주식은 세계 주식시장의 약 50%를 차지하는 데 비해, 한국 주식은 2% 정도에 그치는 수준이다. 이외에도 미국 주식이 유리한 몇 가지 이유가 있다.

① 미국은 4차 산업을 통해 큰돈을 벌어들인다

당연한 말이지만, 회사가 돈을 잘 벌면 주가가 오르고 돈을 못 벌면 주가가 떨어지게 마련이다. 국내 주식보다 미국 주식으로 돈을 벌기 쉬운 이유는 결국 미국 기업이 돈을 더 잘 벌기 때문이다. 국가별 매출액 증가율을 비교한 다음의 표를 살펴보자.

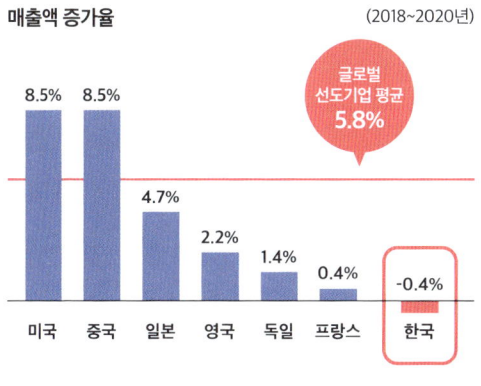

한국은 꼴찌, 미국은 1등이다. 왜 이런 결과가 나타났을까? 우리나라 기업의 직원들이 얼마나 밤낮으로 열심히 일하는데. 결론부터 말하자면 우리가 열심히 일하지 않아서가 아니라 산업구조 자체에 문제가 있다.

국내 기업을 시가총액 순으로 정렬해보면 제조업 중심의 회사들이 높은 순위를 차지한다는 사실을 확인할 수 있다. 우리나라 시가총액 1위 삼성전자 역시 제조업 중심의 회사이다. 그런데 이런 기업은 환율 상승, 원자재 가격 상승, 전쟁 발발 등 외부의 영향을 크게 받을 수밖에 없다. 이에 비해 미국 상위 기업은 마이크로소프트, 엔비디아, 알파벳(구글), 메타 등 4차 산업과 관련된 회사가 대부분이다. 이러한 기업은 당장 인근 지역의 전쟁으로 국경이 닫힌다고 해도 타격받을 게 거의 없으며, 제조업에 비하면 제조원가나 공장 및 사무실

임차료 등도 훨씬 적게 든다. 제조업 회사가 골머리를 앓는 부정적인 영향으로부터 상당히 자유로운 셈이다. 이로 인해 순이익이 높아지는 구조가 만들어진다. 마이크로소프트의 최근(2023년 4월 기준) 영업이익률은 24%인데 비해, 삼성전자의 영업이익률은 평균 10%대를 유지하고 있다. 그나마 삼성전자는 제조업 중에서도 영업이익률이 높은 반도체를 취급하는 특수성이 있어 이 정도이고, 대표적인 국내 제조업 기업인 현대자동차의 경우 평균 영업이익률은 8~9%대이다.

정리해보자. 국내의 상위 기업 대부분은 수출 위주의 제조업 회사들이고, 이들은 외부 요인들에 흔들리기 쉽다. 하지만 미국의 상위 기업은 대부분 4차 산업 관련 회사이고, 이들은 제조업과 달리 외부 요인에 큰 영향을 받지 않으며 영업이익률까지 높다 보니 기업 성장의 폭도 더욱 클 수밖에 없다.

② 미국은 주주 친화적인 기업이 대부분이다

기업에는 소유자(주주)와 경영자(CEO)가 있다. 소유자와 경영자가 분리된 미국 대부분의 기업들과 달리 국내 기업은 소유자와 경영자가 동일한 경우가 많다. 그런데 이러한 구조에서는 소유자인 대주주(보통 재벌 일가)와 우리 같은 소액주주(개인 투자자)의 목표가 달라서 주가 상승이 한계에 부딪치기 쉽다. 대주주는 회사를 운영하기 위한 '경영권 방어'라는 목표가 있지만, 소액주주는 주가 상승을 바라는 경우가 대부분이다. 둘의 목표가 다르니 주가 상승에 제약이 생기는 것이다. 반면 미국과 같이 소유자와 경영자가 분리된 구조에서는 대주주와 소액 주주 모두 '주가 상승'을 목표로 한다.

예를 들어, 2022년에 LG화학에서 각광받았던 신사업인 이차전지 부문을 별도의 회사로 분리하여 LG에너지솔루션이라는 새로운 회사를 상장한 사건이 있었다. 이를 '물적 분할'이라고 하는데 LG화학 대주주, 즉 재벌 일가 입장에서는 큰 투자금을 유치할 수 있고, LG에너지솔루션까지 지배할 수 있으니 환영할 만한 일이었다. 그러나 LG화학 개인 투자자는 잘나가던 신사업이 LG화학에서 분리되면서 주가가 하락하는 상황을 마음 아프게 지켜봐야만 했다. 실제로 LG화학의 주가는 40%까지 하락하기도 했다. 물적 분할을 하는 기업은 이렇듯 주가 하락을 경험할 수밖에 없다. 보통은 기업 내 '알짜 사업'을 분리하여 상장하므로 기존 기업의 이점이 사라지기 때문이다. 카카오 역시 카카오뱅크, 카카오페이, 카카오엔터 등으로 분리하여 상장해 아직까지도 주주들의 원성이 높다.

이에 반해 미국 주식은 소유자와 경영자가 다른 경우가 대부분이라 우리나라처럼 재벌이라는 개념을 찾기 어렵다. 미국 기업 주주들의 목표는 대주주든 소액주주든 주가 상승이다. 주가 상승을 바라니 물적 분할을 할 이유가 없다. 구글의 모회사인 알파벳은 자회사 구글과 유튜브가 엄청난 성공을 거두었지만 우리나라처럼 물적 분할을 하여 따로 상장하지 않았다. 물적 분할을 하면 주주에게 악영향이 미칠 것이 뻔하기 때문이다. 이처럼 미국 기업은 우리나라와 같은 재벌 리스크에서 자유로우며, 경영자는 주가 상승을 목표로 끊임없이 노력할 수밖에 없다. 물론 '오너 중심 체제'가 전문 경영인 체제에 비해 의사 결정이 빠를 수 있다는 장점도 있지만, 최근에는 전문 경영인 체제의 장점이 더욱 인정받는 추세이기에 우리나라도 전문 경영인 체제를 도입하는 기업이 늘어나고 있다.

③ 미국 주식은 한국 주식에 비해 배당금을 많이 주는 편이다

우리나라 기업은 배당을 적게 주거나 안 주는 경향이 있다. 옆의 그래프는 주요 국가들의 배당 성향인데, 쉽게 말해 '100'만큼의 돈을 벌면 얼마나 주주들에게 배당으로 돌려주는지를 보여주는 지표다. 미국은 40~50%를 돌려주는 데 비해 우리나라는 15~20%를 배당해준다. 똑같은 돈을 벌어도 미국은 주주들에게 2배 이상을 환원하는 셈이다. 게다가 미국은 약 80%의 기업이 분기별로 배당하는 반면, 우리나라는 1년에 1회 배당하는 기업이 대부분이다.

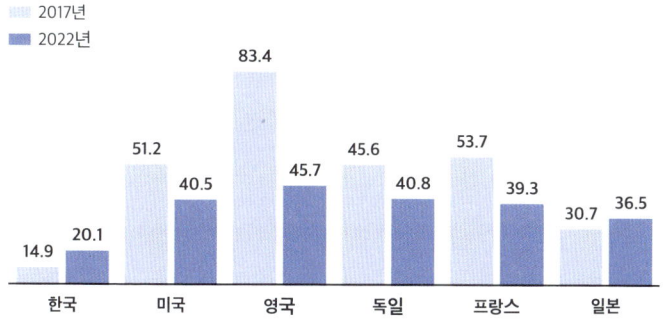

주요 국가 배당 성향

출처: 블룸버그, 금융위원회

이렇게 우리나라 기업의 배당이 낮은 이유는 무엇일까? 역시 소유자인 대주주와 소액주주의 생각이 달라서 발생하는 문제이다. 대주주는 배당을 받게 되면 소액주주와 달리 49.5%에 달하는 엄청난 세금을 떼기에 그야말로 남는 게 없다. 그러느니 배당을 줄이고 이익을 회사에 쌓아두는 편이 더욱 유리하다고 생각할 수밖에 없다. 이처럼 배당 측면에서 보아도 우리 같은 소액주주는 미국 주식을 하는 편이 낫다.

100%의 성공을 보장하는
주식 투자법은 없다

"원금 손실의 책임은 본인에게 있습니다."

투자할 때 이런 문구를 지겹게도 많이 보았을 것이다. 그리고 지금까지 미국 주식이 좋다고 얘기해놓고 갑자기 이런 말을 하니 조금은 무책임한 것 같지만, 미국 주식에도 단점이 있다. 국내 주식은 매도할 때 양도소득세가 없는 반면(보유 금액 50억 원 이상의 대주주에게만 부과한다) 미국 주식은 매도 시에 250만 원 이상의 수익이 나면 초과 이익의 22%를 양도소득세로 내야 한다. 어디까지나 번 돈, 즉 수익에 부과하는 양도소득세이니 얼마든지 낼 수 있다고 생각할 수도 있지만, 막상 내 상황이 되면 솔직히 그 돈도 아쉬워지게 마련이다.

그런가 하면 미국 주식에 투자한다고 100% 수익을 볼 수 있는 것도 아니다. 전기자동차로 유명한 테슬라의 경우, 2021년까지만 해도 수익률이 1년간 100%를 넘어서는, 모든 이들이 "가즈아!"를 외치는 종목 중 하나였다. 그러나 2021년 11월 이후 주가는 계속 곤두박질해 이 책을 준비하는 시점인 2024년 10월까지 2021년 11월의 주가를 회복하지 못했다. 만약 2021년 11월에 투자했다면 현재 손실률만 50% 이상일 것이다. 이처럼 같은 종목이라도 언제 투자하느냐에 따라 수익률이 천차만별이다. 다시 한번 강조하지만, 투자의 책임은 자신에게 있으니 스스로 공부하고 판단해야 한다. 절대 공부와 생각을 귀찮아해서는 안 된다. 예전의 나처럼 내 인생의 운전대를 남에게 맡겨버리는 어리석은 실수를 저지르지 않길 바란다.

'코리아 디스카운트'라는 말이 있다. 한국 상장 기업 주식의 가치 평가 수준이 유사한 외국 상장 기업에 비해 낮게 형성되는 현상을 말하는 것이다. 2000년대 초부터 지겹게 들려오던 이 말은 아직도 현재진행형이다. 문제가 해소되지 않는 이유는 무엇일까? 나는 앞서 설명한 제조업 편중의 산업 구조 및 지배 구조, 낮은 배당, 전쟁 리스크 등에 그 이유가 있다고 생각한다. 이러한 문제들이 해결된다면 국내 주식이 더욱 빛을 발하는 날이 오지 않을까? 대한민국 국민으로서 그런 날이 오기를 진심으로 바라며 언젠가 국내 주식을 장려하는 영상을 꼭 올려보고 싶다.

최고의
금융 발명품, ETF

　투자를 할 때 나는 안정을 추구한다. 이런 성향을 갖게 된 데는 국내 소형주에 투자했다가 천만 원이라는 큰돈을 잃은 경험이 한몫했다. 그리고 나는 전문가가 아니기에 최대한 안전한 투자를 하고 싶다. 그렇다면 투자는 어떤 종목으로 시작해야 할까? 단순히 시가총액이 높은 순으로 투자하면 될까? (그럴 일은 없겠지만) 그 회사가 망하면 어쩌지? 상장폐지가 되면 마이너스 100%인 것을…. 이렇게 불안해하는 나를 위한 상품이 바로 ETF(상장지수펀드)다. 제대로 알고 나면 "이렇게 안정적으로 수익이 나는 투자처가 있었어?" 하며 무릎을 칠 것이다. 나는 사회 초년생일수록 개별 종목보다는 ETF 상품에 투자하기를 권한다.

망하고 싶지 않은 왕초보를 위한
꽤 안정적인 ETF 투자

　ETF란 쉽게 말해서 비슷한 주식들의 묶음이라고 보면 되는데, 사전적 의미로는 거래소에 상장되어 주식처럼 거래되는 펀드를 말한다. 특정 기업에 투자했다가 해당 기업이 부도가 나면 내 투자금은 0원이 되지만, ETF에 투자하면 그럴 일이 없다. 예를 들어 TOP 10 ETF를 매수하면 상위 10개 기업에 분산 투자하게 되므로 이 중 회사 하나가 망한다고 해도 내가 투자금을 모두 잃을 일은 없다. 도대체 어느 기업에 투자해야 하는지 감을 잡지 못하는 초보자에게 매력적인 상품이다.

　투자하는 방법 또한 어렵지 않다. 증권사 앱에서 개별 종목을 거래하듯이 매수하면 된다. 국내 주식의 경우 우리나라 상위 기업 10곳에 한 번에 투자할 수 있는 TOP 10 ETF, 반도체 관련 회사들만 묶어놓은 반도체 ETF, 코스피 시장에 상장된 200개 회사의 평균 지수에 투자하는 코스피 200 ETF 등 정말 다양한 종류의 ETF 상품이 있다. 그런데 ETF의 이름은 삼성전자, LG화학과 같은 개별 종목처럼 간단하지 않다. 그러나 일단 익히고 나면 그리 복잡하지 않으므로 ETF 종목 이름을 하나씩 뜯어보며 의미를 알아보자.

TIGER	부동산인프라고배당		
KODEX	200선물 인버스2x		
TIGER	인도니프티50 레버리지		
KBSTAR	미국장기국채선물 레버리지	(H)	
KINDEX	블룸버그베트남VN30선물 레버리지	(H)	
TIGER	MSCI Korea		TR

| ❶ | ❷ | ❸ | ❹ |
| 자산운용사별 ETF 브랜드 | ETF의 투자 대상/투자 전략/투자 배수 | 환헤지 여부 | 수익률 집계 방식 |

① 자산운용사별 ETF 브랜드

ETF 상품명 중 가장 앞에 들어가는 이름으로, 해당 ETF를 운용하는 자산운용사들의 브랜드명이다. 우리가 은행에 예금을 할 때도 신한, 하나, 국민 등의 다양한 은행 중 여러 혜택을 따져보고 마음에 드는 상품을 고르듯이 ETF도 마찬가지이다. 우리나라 기업 상위 10개의 기업에 분산 투자하는 TOP 10 상품이라 하더라도 삼성, 미래에셋, 신한 등의 다양한 자산운용사들이 ETF를 운용하고 있다. 투자자는 수수료 및 거래량 등을 확인하고 마음에 드는 자산운용사의 ETF를 선택하면 된다. 명칭에 따른 자산운용사는 다음과 같다.

명칭	자산운용사
KODEX	삼성자산운용
TIGER	미래에셋자산운용
KINDEX	한국투자신탁운용
KBSTAR, RISE	KB자산운용
SOL	신한자산운용
HANARO	NH-Amundi자산운용
ARIRANG, PLUS	한화자산운용

② 투자 대상·투자 전략·투자 배수

어떤 대상에 어떻게 투자하는지 적혀 있는 부분이다. 'TIGER TOP 10'은 미래에셋자산운용에서 시가총액 상위 10개 종목을 묶어놓은 ETF이고, 'SOL 200'은 신한자산운용에서 상위 200개 종목에 분산 투자하도록 만든 ETF이다. 'KODEX 미국 FANG 플러스'는 FANG(Facebook, Amazon, Netflix, Google)에 투자하는 ETF로, 삼성자산운용사의 상품이다.

그리고 레버리지나 인버스, 곱버스라는 말을 들어봤을 것이다. 레버리지란, 추종하는 지수가 오르면 2배의 수익을 얻는 투자 전략, 인버스는 추종하는 지수가 내리면 수익을 얻는 전략을 말한다. 곱버스(곱하기+인버스)는 인버스에 2배를 곱한다는 말로, 인버스의 가격 변동폭을 2배로 움직이는 상품이다. 즉, A라는 지수가 3% 올랐을 경우 레버리지 ETF에 투자한 사람은 6%의 수익을 얻으며, 인버스 ETF 투자자는 -3%의 손실, 곱버스 ETF에 투자한 사람은 -6%의 손실을 얻게 된다. 사회 초년생일수록 레버리지, 인버스 등의 투자는 쉽게 시작하지 않기를 진심으로 바란다. 다들 2배를 얻을 거라며 시작하지만, 2배를 잃게 되는 경우가 다반사다.

③ 환헤지 여부

ETF 종목 이름 뒷부분에 '(H)'가 붙어 있는 종목이 있다. 쉽게 말해서 환율에 영향을 받을 것이냐 말 것이냐를 말한다. 여기서 'H'는 '환헤지'를 뜻하며 환율 변동성을 헤지(hedge, 울타리), 즉 방어하는 상품을 뜻한다. 환율과 관련이 있으므로 해외 주식을 묶어둔 ETF에 존재하는 옵션인데, 이 옵션이 붙어 있지 않은 ETF는 기본적으로 환노출 상품으로, 환율 변동에 따라 투자자산의 가치가 상승하거나 하락한다. 예를 들어 환율이 1,200원일 때 10달러를 미국 ETF에 투자했다고 생각해보자. 그럼 나는 12,000원을 미국 주식에 투자한 셈이다. 다행히 몇 달 뒤 수익이 나서 15달러를 손에 쥐게 되었고, 신이 나서 매도를 하려고 마음먹었다. 그런데 매도 시점에 불행하게도 환율이 600원으로 반토막 나버리고 말았다. 그럼 나는 600원에 15를 곱한 금액인 9,000원을 손에 쥐게 된다. 주가가 올라서 수익이 났다고 좋아했는데 오히려 손해를 보게 되었다. 이것이 일반적인 환노출 상품이고, 이를 대비해 환율의 변동을 방어해주는 것이 바로 환헤지 상품이다. 환헤지 상품은 환율을 신경 쓸 필요 없이 주가가 오르는지만 신경 쓰면 된다.

그럼 어느 때나 환헤지 상품을 선택해야 좋을까? 반드시 그렇지는 않다. 투자 시점에 환율이 낮으면 추후 상승할 가능성이 있으니 굳이 환헤지를 할 필요는 없다. 이럴 때는 환노출 상품을 선택해야 환율 변동의 이득을 보기 때문이다. 간단히 정리하면 투자 시점에 환율이 낮을 때는 일반 환노출 상품을, 높을 때는 환헤지 상품을 매수하는 편이 유리할 수 있다.

④ 수익률 집계 방식

가끔 ETF 상품명 중 뒷부분에 'TR'이 붙는 것들이 있다. 여기서 TR은 'Total Return'의 약자로, 주식에서 배당금이나 이자가 나올 경우 이를 개인에게 배당하지 않고 ETF 스스로 재투자하는 방식의 상품을 말한다. 배당금을 받으면 15.4%의 배당소득세를 내야 하지만 TR이 붙은 ETF 상품들은 배당금을 받지 않으므로 당장 배당소득세도 없다. 근로소득이 있는 2030 직장인이라면 지금부터 배당금을 받기보다는 TR 방식의 ETF에 투자하기를 권한다. 참고로 대부분의 ETF에는 이름에 TR이 포함되어 있지 않은데, 이러한 기본 ETF들은 PR(Price Return) 방식으로서 배당금이나 이자가 나올 때마다 투자자에게 15.4%의 배당소득세를 떼고 분배금을 지급한다.

어떤가? 이제는 ETF의 명칭만 확인해도 대략 어떤 곳에 투자하는 ETF인지 알 수 있을 것이다. 나는 ETF 역시 국내보다는 미국에 상장된 ETF로 투자하고 있다.

국내 상장 해외 ETF와 글로벌 ETF 무엇이 다를까

글로벌 ETF라니, 이건 또 무엇일까? 자꾸만 튀어나오는 새로운 용어에 너무 겁먹을 필요는 없다. 하나하나 따져보면 누구나 이해할 수 있다. 해외 기업에 투자하는 ETF는 어디에 상장되었는지에 따라 두 가지로 나뉜다. 먼저 국내 시장에 상장되어 있지만 해외 기업을 추종하는 ETF가 있는데, 이것이 바로 국내 상장된 '해외 ETF'다. 그리고 미국, 홍콩 등 해외 시장에 상장된 '글로벌 ETF'가 있다. 투자자 입장에서 해외 ETF는 '수입', 글로벌 ETF는 '직구'라고 보면 이해가 더 쉽다. 이어지는 표를 예로 들어보겠다.

구분	국내(해외 ETF)	해외(글로벌 ETF)
나스닥 100	ACE 미국나스닥 100 RISE 미국나스닥 100 KODEX 미국나스닥 100TR KOSEF 미국나스닥 100(H) TIGER 미국나스닥 100	Invesco QQQ Trust

나스닥 100은 국내 코스피 100처럼 미국 증권시장에서 기술 회사 100개를 묶어둔 ETF를 의미한다. 이 지수가 워낙 유명하고 투자자들이 몰리니 국내에서는 한국투자신탁운용(ACE), KB자산운용(KBSTAR, RISE), 삼성자산운용(KODEX) 등 각 운용사별로 별도의 ETF 상품을 내놓고 있다. 이것이 바로 국내 상장 해외 ETF이다. 우리 같은 투자자가 이러한 ETF를 매수하면 ETF를 '수입'한 셈이다. 한편 Invesco QQQ Trust라는 ETF가 바로 글로벌 ETF인데, 이 종목을 매수하면 해외 ETF를 직접 '직구'로 구매하는 것과 같다. 이때 Invesco는 회사 이름이고, QQQ Trust는 투자 대상을 의미한다. 여기서의 QQQ는 '나스닥(NASDAQ, 미국의 대표적인 증권거래소로 주로 기술주가 상장되어 있음)'을 말한다. 왜 QQQ가 나스닥을 의미하는지 궁금하겠지만, 사람들 간의 약속된 기호라고 생각하면 된다. 우리나라 주식에도 숫자로 된 종목 코드가 있듯이 해외에서도 티커(Ticker)라는 종목별 구분 코드가 있다. 예를

들어 나스닥의 티커는 QQQ, 애플은 AAPL, 테슬라는 TSLA이다. 물론 해외 주식 시장의 종목은 너무나 많으니, 우리가 국내 주식의 종목 코드를 외우지 않는 것처럼 각 종목의 티커를 모두 외울 필요는 없다.

돈 벌어다주는 글로벌 ETF로 세금까지 절약하자

여기까지만 들으면 아무래도 국내에 상장된 해외 ETF에 투자하는 편이 간편할 것 같은데(직구보다도 수입 제품을 구매하는 편이 쉬운 것처럼 말이다), 왜 누군가는 해외 ETF, 누군가는 글로벌 ETF에 투자할까? 결론부터 말하면 '세금' 때문이다. 해외 주식 및 글로벌 ETF는 매매 차익에 대해 양도소득세 22%를 내야 하지만, 이는 차익이 연간 250만 원 이상일 경우에만 해당한다. 차익이 250만 원 미만이라면 세금도 0원이다. 만약 차익이 300만 원이라면 250만 원을 제외한 금액인 50만 원에 대해서만 11만 원(50만 원×22%)의 세금이 부과된다. 그런데 국내 상장된 해외 ETF의 경우 수익 금액에 관계없이 배당소득세로 15.4%의 세금을 내야 한다. 동일하게 연 300만 원의 수익을 냈을 경우 해외 ETF는 46만 2,000원(300만 원×15.4%)을 세금으로 내야 하는 것이다. 참고로 연간 수익이 약 834만 원이 되는 순간부터는 글로벌 ETF보다 해외 ETF가 더욱 유리하다. 글로벌 ETF의 수익이 커지면 어느 순간부터는 양도소득세가 해외 ETF의 세율로 계산한 금액보다 높아질 수밖에 없기 때문이다. 그 시점을 계산해보면 연 834만 원 정도이다. 그런데 연 수익은 매년 시장 상황에 따라 다르므로 대략적인 연 수익을 추측해서 ETF를 결정하는 것은 추천하지 않는다.

　손익통산이라는 세금 부과 방식에서도 국내 상장된 해외 ETF와 미국 주식 및 글로벌 ETF는 차이가 난다. 손익통산은 연간 손해를 본 금액과 이익을 본 금액을 합산한 순이익에 대해 세금을 부과하는 방식인데, 이는 해외 주식 시장에 적용된다. 예를 들어 미국 주식 애플로 500만 원의 수익을 내고 테슬라로 300만 원의 손해를 봤다면 내 순이익은 200만 원이니 세금은 한 푼도 낼 필요가 없다. 반면 국내 상장된 해외 ETF에는 손익통산이 적용되지 않으므로 종목을 매도할 때마다 이전의 손실과 관계없이 세금을 내야 한다. 나는 종종 '손절'을 하게 되는 초보 투자자 입장에서는 손익통산을 적용하는 글로벌 ETF가 더욱 유리하다고 보는데, 조금만 더 알아보자.

국내 상장 해외 ETF와 글로벌 ETF 차이점

구분	해외 ETF	글로벌 ETF
상장 거래소	국내 거래소	해외 거래소
거래 통화	원화	해당 국가 통화
거래 시간	국내 주식 거래 시간	해당 국가 주식 거래 시간
상품명 예시	TIGER 미국나스닥 100	Invesco QQQ Trust, Series 1 (QQQ)
	RISE 미국 S&P 500	SPY, VOO, IVV
종목 및 거래량	상대적으로 부족한 종목 및 거래량	다양하고 폭넓은 종목, 충분한 거래량
매도 시 세금	배당소득세 15.4% 원천징수	양도소득세 22% ※ (양도소득금액-연 250만 원)*세율
분배금 수령 시 세금	배당소득세 15.4% 원천징수	배당소득세 15%(미국) 원천징수

이렇게 표로 비교해보니 연간 250만 원까지 세금을 내지 않아도 되는 글로벌 ETF가 더욱 좋아 보인다. 15.4%의 세금이 생각보다 크기 때문인데, 100만 원의 수익이 나면 15만 4,000원이나 세금으로 빠져나가는 셈이다. 물론 국내 상장 해외 추종 ETF에도 장점이 있다. 뒤에서 살펴볼 ISA 계좌 또는 연금저축 계좌를 이용하면 여러 세금 혜택(비과세 및 과세이연)을 받을 수 있다. 또 새로운 정보가 등장했다고 겁먹을 필요는 절대 없다. 나 또한 재테크 공부를 하면서 하나를 공

부하니 또 다른 게 등장해서 당황하기도 했지만, 돌이켜보니 내 돈을 조금이라도 더 지켜주려는 방법들이었기 때문이다. 공부 시간이 누적될수록 내 통장은 더욱 탄탄해질 것이다.

늦게 만들수록 손해, ISA

남들보다 조금 빠르게 사회생활을 시작하며 내가 느낀 한 가지는 '돈 벌기 정말 힘들다!'였다. 직장생활은 절대 만만치 않고 투자로 이익을 내기도 쉬운 일이 아니다. 예금과 적금으로 3년 동안 1억 원이라는 나름의 큰돈을 모으면서 느낀 점도 있다. 돈 벌기는 힘들지만 똑똑하게 관리하기는 더 힘들다는 것. 그래서 나는 세금이라도 합법적으로 줄일 수 있는 방법은 없는지 찾아본다. 솔직히 처음에는 나 같은 평범한 직장인이 얼마나 번다고 세금 걱정을 하나 싶었지만, 연 1,000만 원만 저축해도 5%의 이익을 거둔다면 당장 50만 원의 수익에 대한 세금을 15.4%나(이자 과세) 내야 한다. 그런데 이 세금을 낼 필요가 없다면? 사고 싶었던 물건을 살 수도 있고 재

투자에 사용할 수도 있다. ISA 개설도 세금을 줄일 수 있는 방법 중 하나다.

아는 사람은 다 아는 ISA로 똑소리 나는 자산 관리를 시작하자

안 하면 손해인 것들이 있다. 세금 줄여주는 ISA 계좌 개설이 그중 하나인데, 사실 아는 사람들은 이미 이 좋은 혜택을 누리고 있다. ISA(Individual Savings Account)란 개인종합자산관리계좌로, 개인의 금융 투자를 장려하고자 국가에서 세금 혜택을 주는 자산관리계좌라고 보면 된다. ISA는 일반 주식 계좌와 비슷하다. 증권사 앱에서 일반 투자 계좌처럼 '중개형 ISA'를 만들 수 있는데 세금 감면 혜택이 있으므로 더욱 똑똑한 투자를 할 수 있다. 그렇다면 어떻게 ISA가 세금을 줄여준다는 것일까?

① 손익통산을 적용한다

ISA는 글로벌 ETF처럼 손익통산을 적용한다. 즉 내가 특정 종목에서 수익을 많이 냈더라도 다른 종목에서 손해를 봤다면 손해를 제한 순이익을 기준으로 세금을 납부하게 된다. 예를 들어 A 주식에서 300만 원, B 펀드에서 300만 원의 수익을 냈고 C 펀드에서 300만 원의 손해를 보았다면 순이익은 총 300만 원이므로 이 금액에 대한 세금만 내면 된다. 앞서 살펴보았듯 국내 상장 해외 추종 ETF에는 원래 손익통산이 적용되지 않지만, ISA를 활용하면 이를 적용받을 수 있다.

② 최대 400만 원까지 비과세이다
(서민형·농어민형 기준, 일반형은 200만 원까지 비과세)

ISA는 이자 및 양도소득세에 대해 세금을 내지 않는 비과세 혜택이 있다. 1년짜리 예금에서 100만 원의 수익을 보았다면 원래는 이자에 대해 15.4%의 이자소득세를 내야 한다. 즉 100만 원 중 15만 4,000원이나 과세된다. ETF 투자도 마찬가지이다. 하지만 ISA를 활용하면 서민형·농어민형 기준 400만 원, 일반형은 200만 원 한도 내에서 비과세이므로 절세할 수 있다. 참고로 국회에서는 비과세 금액을 높이는 방향으로 지속적으로 법안 개정을 논의 중이다. 장기적으로 보면 더욱 혜택이 커질 가능성이 있다.

ISA 주의할 점

그야말로 '안 만들면 손해'인 계좌지만 단점이 있다. 최소 투자 기간이 3년이라는 것인데 이조차도 도입 당시에는 5년이었으나 2021년 제도 개편을 통해 3년으로 축소되었다. 사회 초년생 입장에서 3년 정도는 충분히 감당할 수 있다고 생각한다. 또한 연간 최대 납부 금액이 2,000만 원이라 아쉬움이 있지만, 이제 막 사회생활을 시작한 이들에게는 충분한 금액이다. 사회 초년생이 아니더라도 세금 감면 혜택이 엄청나니 한도 내에서 잘 이용해보면 좋겠다.

ISA는 총 하나의 계좌만 만들 수 있다. 참고로 ISA는 신탁형과 일임형, 중개형으로 나뉘는데, 나는 증권사나 증권 앱에서 가입할 수 있는 '중개형 ISA'에 가입하기를 권한다. 중개형 ISA로 가입해야 일반 증권사 앱으로 주식 투자하듯 쉽게 관리를 할 수 있기 때문이다. 은행에서는 중개형 ISA에 가입할 수 없으니 반드시 증권사 앱에서 중개형 ISA를 개설해보도록 하자.

ISA 계좌 유형

유형	일반형	서민형	농어민
가입 조건	만 19세 이상 또는 만 15세 이상 만 19세 미만의 근로소득이 있는 대한민국 거주자	직전 연도 총급여 5,000만 원 이하 또는 종합소득 3,800만 원 이하의 거주자	직전 연도 종합소득 3,800만 원 이하의 농어민 거주자
비과세 한도	200만 원	400만 원	
의무 가입 기간	3년		
납입 한도	연 2,000만 원, 최대 1억 원		
비과세 한도 초과 시 적용 세율	9.9% 분리과세		
중도 인출 가능 여부	가능(수익은 인출 시 과세 대상)		

내가 사회생활을 처음 시작했을 때인 2014년만 해도 ISA 계좌라는 게 없었다. 만약 내가 지금 사회 초년생이라면 무조건 ISA 계좌의 투자 한도부터 다 채운 뒤에 일반 주식 계좌로 투자를 시작할 것이다. 일단 투자를 잘 모르는 상태에서는 손실을 보기 쉬운데 ISA 계좌는 손익통산이 가능하다는 장점이 있고, 가입 기간 동안 일정 한도 내에서 비과세를 해준다는 엄청난 혜택이 있다.

사회 초년생뿐만 아니라 당장 큰돈을 쓸 일이 없는 이들도 ISA 계좌를 통해 3년 동안 돈을 묶어놓으면서 비과세 혜택을 받을 수 있다. 내 주위에도 혜택을 보고 있는 이들이 여럿이다. 늦게 만들수록 손해인데… 모르면 손해인 게 너무나 많지 않은가? 세상이 그렇더라. 공부하는 만큼 언젠가 이익을 본다. 이제라도 알았으니 당장 증권사 앱을 켜서 중개형 ISA 계좌 개설을 시작해보자.

연금저축,
젊은 나이에 이걸 왜?

돌이켜보면 유일하게 남이 시켜서 한 일 중 아주 좋은 성과를 낸 투자가 있다. 바로 직장인 1년 차부터 월 35만 원씩 납입한 연금저축이다. 입사하자마자 부모님 성화에 못 이겨 시작했던 기억이 난다. 처음에는 "이제 막 사회생활 시작한 직장인이 돈이 어디 있느냐"며 반항했다. 월급이 이렇게나 적고 어이없는데 심지어 왜 벌써 노년을 위해 돈을 저축해야 하는지 정말 이해가 되지 않았다. 항의의 의미로 일부러 몇 달은 내지 않은 적도 있다. 그런데 시간이 지날수록 부모님의 말씀이 맞았다는 걸 깨달았다. 실제로 수익률이 매우 높아서 저축한 돈 대비 수익이 매우 컸기 때문이다. (물론 연금저축펀드라고 해서 수익률이 모두 높은 것은 아니고, 종목을 잘 골라야 한다.)

이번에는 하루라도 더 빨리 시작할수록 이득일 수밖에 없는 연금저축과 언젠가는 다가올 우리의 노년에 대해 이야기해보려고 한다.

61세 이후의 생애 주기 적자를 고민해본 적 있는가

연금저축이 얼마나 성공적이었는지 조금만 더 자랑(?)을 하고 싶다. 연금저축은 운용 주체에 따라 연금저축보험과 연금저축펀드로 나뉘는데 나는 연금저축펀드에 투자했고, 한 달에 35만 원씩 납입했다. 그렇게 5년 동안 유지하자 저축 금액은 어느새 2,100만 원으로 늘어났으며 놀랍게도 수익률은 약 80%가 되었다. 한 달에 35만 원씩 저축했을 뿐인데 1,680만 원의 추가 수익이 생긴 것이다. 이제는 원금이 더욱 커져서 돈이 스스로 일하는 구조가 만들어졌다.

처음 35만 원씩 납입할 때만 해도 너무 큰돈을 매달 내는 것 같아서 아쉬웠다. 하지만 돌이켜보면 연금저축을 하지 않았다면 그 돈은 그냥 사라져버렸을 것이다. 수중에 돈이 있으면 불필요한 곳에 써버리기 때문이다. 너무 젊은 나이에 노후를 준비하는 것 같다는 억울함을 가질 필요도 없다. 젊은 나이에 투자했기 때문에 '시간'이라는 복리를 만나 수익률은 더 커진다. 노후를 대비하기에 여유로운 나이란 없다. 연차가 쌓인다고 극적으로 월급이 늘어나지도 않고, 오히려 월급이 늘어나는 만큼 쓸 곳도 많아진다. 이십 대 때는 옷 사고 자기계발 강의 듣느라 돈을 썼는데, 삼십 대인 지금은 결혼과 내 집 마련에 어마어마한 돈이 든다. 그런가 하면 나보다 한 살 많은 친언니는 육아를 하느라 돈이 늘 부족하다고 하소연한다. 나 하나만 책임지면 되는 이십 대가 오히려 연금저축을 시작하기에 가장 좋은 나이였다. 물론 월 35만 원씩 저축할 필요는 없고 각자 상황에 따라 매달 단돈 1만 원부터 시작해도 된다.

그런데 내가 노후 대비를 이야기하면 와닿지 않는다고 하는 이들이 많다. 이제 막 사회생활을 시작한 사람일수록 예전의 나처럼 노후는 먼 훗날의 일이라고 여기기 때문이다. 그런 분들에게 1인당 경제적 생애 주기를 나타낸 그래프를 하나 보여주고 싶다.

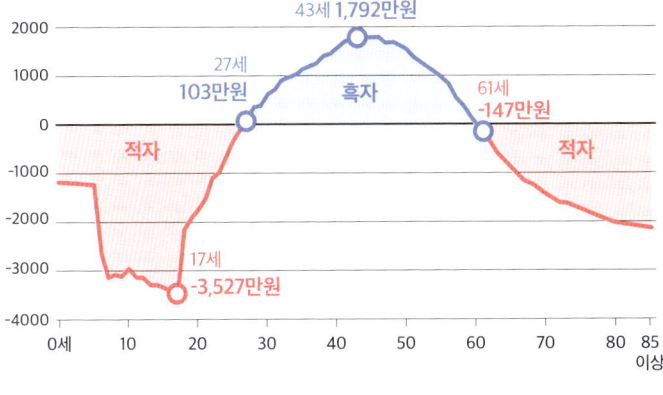

이 그래프에 따르면 우리 삶은 27세까지 적자이다. 보통은 버는 돈 없이 학교교육을 받으면서 부모님 돈으로 생활을 유지하기 때문이다. 취업을 하는 시점인 27세 정도부터 60세까지는 노동 소득이 생기므로 우리 삶이 드디어 흑자가 되고, 이는 43세의 나이에 최고조에 달한다. 문제는 61세 이후이다. 들어가는 돈은 그대로인데 은퇴를 하니 적자의 늪으로 빠져들게 된다. 참고로 2024년 기준 1인 가구의 최저생계비는 약 133만 원이며, 3인 가구 기준으로는 280만 원이 넘는다. 일하지 않는 노년에 대체 어떻게 그 돈을 마련할 것인가? 우리나라의 높은 노인 빈곤율은 정신을 차리게 만든다. 결국 우리는 지금 노후에 대비하기 위해 투자를 하고 있는 것이나 다름없다. 우리 각자에게는 흑자 시기인 27세부터 60세까지 노후 대비를 마쳐야 한다는 '미션'이 있다.

하루라도 빨리 연금저축을 시작해야 하는 이유가 또 있다. 앞서 잠깐 이야기했던 '복리의 마법' 때문이다. 연금저축은 시간의 힘에 기대는 복리법을 따르는데, 이자와 원금을 더해 계속해서 새로운 이익을 창출하므로 오랜 기간 투자할수록 수익이 극대화된다. 복리의 힘이 얼마나 위대한지 예를 들어보겠다. 미국 S&P 500의 연평균 수익률은 8%이다. 여기에 월 10만 원씩 이십 대 때부터 투자한다면 30년 뒤에는 약 1억 5,000만 원이 된다. 그런데 이십 대 때는 투자하지 않고 삼십 대 때부터 10만 원의 2배인 20만 원씩을 투자했을 시에는 20년 뒤에 약 1억 2,000만 원에 그친다. 후자가 원금이 더 많아도 시간(복리)이 적게 곱해져서 이런 결과가 나온다.

다시 한번 강조하지만 큰돈을 투자하지 않아도 된다. 사회생활을 시작한 지 얼마 되지 않아 수입이 많지 않다면 매달 10만 원이라도 넣어보자. 일찍 시작해야 적은 금액으로 높은 수익을 낼 수 있다. 뒤에서 자세히 설명하겠지만 연금저축에는 세액공제 혜택까지 있으므로 그야말로 안 할 이유가 없다. (단, 소득이 낮을수록 연말정산 때 세금을 돌려받는 세액공제 혜택은 적으므로 세액공제에 초점을 맞출 필요는 없다.)

연금저축펀드 vs. 연금저축보험 무엇을 해야 할까?

여기까지 읽고 '연금저축을 해보아야겠다!' 하는 결심이 생겼다면 환영한다. 그런데 처음 시작할 때는 연금저축펀드와 연금저축보험의 개념이 헷갈릴 수도 있다. 둘 다 55세 이후의 노후를 대비하기 위한 연금저축이라는 점에서는 동일하지만 운용 주체 및 세부 사항이 다르다. 연금저축보험은 보험사에서 운용하며 상품마다 다르지만 일반적으로 공시된 이율로 계산하여 정해진 수익을 받는 형태이다. 즉 원금 보장이 된다. 반면 연금저축펀드는 증권사에서 출시하여 다양한 종류의 펀드와 ETF를 운용할 수 있는 상품으로, 원금 보장이 되지 않는다.

이 중 내가 굳이 원금 보장이 되지 않는 연금저축펀드를 추천하는 이유는 수익률 때문이다. 연금저축보험의 '원금 보장'이라는 문구는 매력적이지만 공시 이율대로 받으니 펀드에 비해 높은 수익을 기대하기는 어렵다. 혹여나 물가 상승률보다 낮은 수익을 보게 된다면 인플레이션에 비추어볼 때 저축이 오히려 손해이다. 이에 비해 연금저축펀드는 원금 보장은 되지 않지만 제대로만 운용하면 시간의 마법에 기대어 높은 수익을 낼 수 있다.

앞서 ETF 투자에서도 여러 번 강조했지만 우량한 자산은 장기적으로 우상향해왔기에 단기적인 하락장에 일희일비할 필요가 없다. 나의 경우 코로나 때 마이너스 25%라는 엄청난 손실을 겪었지만 1년이 지나니 수익률이 67%까지 가파르게 상승했다. 금융감독원의 연금저축 유형별 2020년 수익률에 따르면, 연금저축펀드의 2020년 수익률은 연 17.25%, 생명보험은 연 1.77%, 손해보험은 연 1.65%에 그쳤다. 물론 시장 상황에 따라 손해를 볼 수도 있지만 주식시장이 좋을 경우 수익률에 상한선이 없다는 아주 큰 장점이 있다. 이러한 이유로 최근 연금저축보험에서 펀드로 갈아타는 사람들이 점점 늘어나고 있다. 나 또한 앞으로 투자할 시간이 많이 남은 2030에게는 연금저축보험보다 연금저축펀드를 추천하고 싶다. (물론 펀드 투자를 할 때는 항상 원금 손실의 위험이 있다는 점을 반드시 기억해야 한다.)

세금까지 아껴주는
똑똑한 연금 투자 활용법

복리를 기대하며 노후를 효과적으로 대비할 수 있다는 것 외에 연금저축에는 또 하나의 큰 장점이 있다. 바로 세액공제와 과세이연 혜택을 볼 수 있다는 점이다. 앞서 언급했지만 우리나라 노인 빈곤율은 OECD 국가들 중에서도 높은 수준이고 정부도 이를 인지하고 있어 세금 혜택 등으로 개인의 노후 대비를 장려하고 있다. '13월의 월급'이라고 할 만큼 생각보다 쏠쏠한 연금 투자 혜택을 한번 알아보자.

① 세액공제

연금저축으로 납부한 금액에 일정한 세율을 곱하여 연말정산 때 돌려주는 혜택이다. 세액공제 한도는 연 600만 원이고 납입액의 최대 16.5%까지 공제받을 수 있다. (총급여액 5,500만 원 이하 16.5%, 총급여액 5,500만 원 초과 13.2%) 만약 연봉 5,500만 원 이하의 직장인이 연금저축의 최대 납부 한도인 연 600만 원을 납입했을 시, 600만 원에 16.5%를 곱한 최대 99만 원의 금액을 연말정산 때 돌려받게 된다. 그런데 연금저축에 600만 원을 납입하기는 부담이 되어 한 달에 10만 원씩만 납부한다고 하면, 120만 원에 16.5%를 곱한 금액인 19만 8,000원까지 세금을 돌려받을 수 있다.

물론 어디까지나 내가 낸 세금에 대하여 세액공제가 가능하다는 점은 기억해야 한다. 연 소득 2,000만 원 이하이거나 소득세를 90% 감면받는 중소기업 소득세 감면 대상자의 경우, 납부한 세금 자체가 적으므로 돌려받을 세금이 없을 수 있다. 다만 세금 혜택을 받지 못한 금액에 한하여 추후 별도의 세금 공제 없이 중도 인출이 가능하다. 세액공제 때문에 납입 한도를 꽉 채울 필요는 없으며 본인의 사정에 맞게 납입하면 된다. 이십 대이고 연 소득이 3,000만 원 이하라면 한 달 5~10만 원으로도 충분하고, 소득이 4,000만 원 이상이라면 20만 원씩은 납입해보자. 삼십 대라면 이십 대보다는 납입 기간이 적으므로 앞의 금액에서 5~10만 원 정도는 추가 납부하면 좋다.

② 과세이연

과세이연이란 세금을 지금 당장 내지 않고 미래 어느 시점에 납부하도록 해주는 제도로, 연금저축에서는 연금을 개시할 수 있는 55세 이후에 세금 부과가 이뤄진다. 일반적으로 주식이나 ETF는 매매 차익에 대해 15.4%의 배당소득세가 부과되지만 연금 계좌는 납부 기간 동안 매매 차익에 대한 세금을 내지 않는다. 일반 투자의 경우 매년 차익 실현을 하고 15.4%에 달하는 세금을 내면 그만큼 재투자할 수 있는 금액이 줄어드는데, 연금저축펀드의 경우 과세이연 덕분에 더 많은 돈을 운용하며 계속해서 돈을 불려 나갈 수 있다는 아주 큰 장점이 있다. 당장 감이 잘 안 올 수도 있지만, 이익이 100만 원이라면 15만 4,000원이 세금으로 나간다. 하지만 연금저축은 당장 세금을 내지 않아 이 15만 4,000원 만큼 투자를 더 할 수 있다. 참고로 연금저축은 만 55세 이후부터 연금을 수령할 수 있는데 이때 3.3~5.5%(80세 이상 3.3%, 70세 이상 80세 미만 4.4%, 55세 이상 70세 미만 5.5%)의 연금소득세를 낸다. 세율 자체가 일반적인 매매 차익에 대한 세율인 15.4%보다도 낮다.

복리의 마법을 누리자

나는 수익률이 상대적으로 더 높은 연금저축펀드에 가입하여 세액공제와 과세이연 혜택을 동시에 누리고 있다. 연금저축펀드에 가입하는 방법은 매우 간단하다. 증권사 앱의 '통합 검색' 메뉴에서 연금저축을 검색하면 연금저축펀드 계좌를 개설할 수 있는 메뉴가 나온다. 무엇보다 연금 투자를 할 때 가장 중요한 준비물은 오랜 시간 투자하며 복리의 마법과 세금 혜택을 누려야겠다는 마음가짐이다.

이제 '나는 젊으니까, 당장 돈이 없으니까 나중에 연금저축에 관심을 가져야겠다!'라는 생각은 하지 않을 것이다. 계좌 개설을 미루는 만큼 돈이 스스로 일하는 시간이 줄어들므로 복리 효과도 줄어든다. 적은 금액일지라도 하루빨리 가입해서 돈이 스스로 일하게 하는 것이 중요하다. 연금저축, 더 이상 미룰 이유가 없다!

안전 자산
(ft. 금, 달러, 채권)

앞서 잠깐 코로나 대유행 초기의 투자 경험을 이야기한 적이 있다. 그때 나는 언젠가 증시가 회복되리라 믿으면서도 주식 창을 열기가 두려웠다. 엄청난 하락장이어서 잔고가 파란 불로 가득했기 때문이다. 이처럼 우량한 주식 및 ETF에 투자한다고 하여 항상 주가가 오르지는 않는다. 2008년에는 미국의 서브프라임 모기지 사태로 인해 리먼브라더스라는 거대한 금융회사가 파산하고 전 세계 경제에 부정적인 영향이 미친 적이 있다. 그때도 '대폭락'인 증시 앞에서 많은 이들이 눈물을 흘리며 그야말로 '패닉'에 빠졌다.

언제 어디서 불어닥칠지 모르는 금융 위기를 미리 예측하고 대비할 수 있는 개인 투자자가 얼마나 될까? 이런 상황에 대비하기 위해서라도 자산의 일정 비율을 안전 자산이라고 불리는 달러, 금, 채권에 투자해야 한다. 왜 이들이 안전 자산일까? 그리고 셋 중에 무엇에 투자하는 편이 가장 좋을까?

위기가 닥쳐오기 전에 위기에 대비해야 한다

경제 불확실성이 커지면 변동성이 큰 주식에 비해 금이나 달러, 채권이 각광받는다. 그런데 경제 위기가 닥친 뒤에야 안전 자산을 외쳐봤자 소 잃고 외양간 고치는 셈이다. 위기에 미리미리 대비하자. 몇십조의 자산을 굴리는 국민연금공단도 투자 포트폴리오의 약 38%를 안전 자산인 채권으로 채웠다. 지금부터 달러, 금, 채권을 하나씩 살펴보며 왜 이들이 안전 자산으로 불리는지 알아보자.

① 세계의 기축통화, 달러

금융 위기가 오면 주가가 폭락한다. 이런 시기에는 현금을 보유한 자가 승자인데, 그중에서도 달러의 가치가 높아진다. 세계 모든 사람이 미국을 가장 안전한 국가로 꼽는 데다가 달러는 금융 거래의 표준이 되는 기축통화이기 때문이다. 실제로 경제 위기가 오면 원·달러 환율이 치솟으며 우리나라의 화폐가치가 하락한다. 비단 우리나라뿐만 아니라 중소형 국가들은 달러 대비 자국의 화폐가치 하락을 막을 길이 없다. 이러한 이유로 지금 이 순간에도 많은 이들이 달러를 안전자산으로 꼽으며 위기에 대비해 미리 비축해두고 있다.

그러나 경제 위기라 하여 무조건 달러의 가치가 오르는 것은 아니다. 미국이 자국의 경제 위기를 해결하고자 '양적 완화'를 하는 경우도 있다. 우리나라 정부가 코로나 시기에 경제를 부양하기 위해 각 가정에 각종 보조금을 지급했듯이 미국 정부 역시 달러를 많이 찍어내며 자국민을 돕는 정책을 펼치는데, 그러면 수요와 공급의 법칙에 따라 달러 가치의 상승이 멈추기도 한다. 애매한 시기에 투자하면 오히려 손해를 볼 수도 있다는 말이다. 실제로 2008년 금융 위기 때 환율이 1,570원까지 치솟았으나 10년이 지난 지금까지도 원·달러 환율은 1,570원 근처에 다가간 적이 없다. 달러도 투자 시점이 중요한 이유이다. 참고로 미국 주식이나 미국 ETF를 매수했다면 그 자체로 환전 후 투자하는 것이므로 별도로 달러 예금 등을 더 할 필요는 없다.

② 한정적인 대표 자산, 금

이번에는 많은 이들이 사랑하는 자산 금에 대해 알아보자. 금은 달러와 달리 마음대로 만들어낼 수 없는 한정적인 자산이기에 더욱 안전 자산으로 평가받는다. 일반적으로 금과 달러는 '음의 상관관계'를 갖고 있다고 하는데, 금값이 올라갈 때는 달러가 내려가고, 달러가 올라갈 때는 금값이 내려간다는 경향이 있다는 뜻이다. 음의 상관관계를 갖는 이유는 다양하지만, 금은 주로 달러로 거래되는데 달러가 강세를 보이면 금값이 상대적으로 비싸져 수요가 줄기에 금 가격이 하락한다. 이 외에도 시장에 달러가 너무 많이 풀려서 달러 가치가 하락하면, 희소성이 있는 금에 수요가 몰려들며 금 가격이 상승하게 된다.

그렇다면 달러에서 어느 정도 수익을 본 뒤 달러가 약세일 때 다시 금에 투자해서 수익을 볼 수 있을까? 이론적으로 불가능하지는 않지만 초보 투자자가 타이밍을 정확히 맞추기란 불가능에 가깝다. 우리는 금으로 큰돈을 벌어보려는 게 목적이 아니라 안전 자산을 보유하려는 것이므로 그냥 금과 달러 둘 중 하나를 정하여 자산을 꾸준히 쌓아가는 편이 현명할 수 있다.

금 투자는 실제로 어떻게 이루어질까? 근처 금은방에서 직접 현물로 구매할 수도 있지만 세공비, 수수료, 세금 등 부가적인 비용이 높으므로 추천하지 않는다. 골드뱅킹(시중 은행에 계좌를 개설하여 현금을 넣어두면 국제 금값의 변동에 따라 잔액이 달라지는 금융 서비스)이나 금 ETF를 매수하는 방법도 있지만 수수료가 1~5%까지 부과되며 매매 차익에 대해 15.4%

의 세금이 매겨진다. 나는 한국거래소의 KRX금시장에서 금을 매수하는 방법이 가장 합리적이라고 생각한다. 주식처럼 간편하게 금을 사고팔 수 있고 금 실물로도 인출이 가능하다. 게다가 수수료가 0.3% 내외로 낮고 매매 차익이 비과세이며 증권사 앱에서 간편하게 금현물 계좌를 개설할 수 있다. (거래를 할 때는 세금이 부과되지 않지만 실물로 인출할 때는 부가가치세 등 제반 세금이 붙는다는 점은 알아두어야 한다. 하지만 실물로 인출할 일은 거의 없다.)

그러면 금 투자는 언제나 옳을까? 지금처럼 금값이 금값인 시기에는 선뜻 많은 금액을 투자하기에는 망설여진다. 언제 닥칠지 모르는 금융 위기에 대비해 매달 일정 금액씩 금을 사두는 방식의 투자도 좋을 듯하다.

③ 예금보다 채권

채권은 빚 채(債), 문서 권(券)을 쓴다. 말 그대로 기업이나 국가가 돈이 필요할 때 투자자의 돈을 빌리고 일정 기간이 지난 뒤 원금에 약속한 이자를 추가해 갚겠다고 약속하는 '빚 문서'이다. 이 증서에는 원금, 이자율, 만기 시점이 적혀 있어서 원금뿐만 아니라 약속한 이자까지 모두 받을 수 있으므로 예·적금과 같은 안전 자산으로 여겨진다.

그러면 굳이 예·적금 대신 채권을 해야 하는 이유는 무엇일까? 내가 어떤 채권에 투자하느냐에 따라 예·적금보다 더 높은 금리를 받을 수 있기 때문이다. 네이버에 '국채 수익률'을 검색하면 각 국가의 이자율을 볼 수 있는데 미국 국채는 2024년 10월 기준 평균 이자율이 4%이고, 우리나라 국채는 3%, 일반 예금 금리는 3~3.5%이다. 회사채의 경우 6%가 넘는 경우도 있지만 기업의 경영 상태에 따른 위험 손실이 있기에 초보자라면 안전한 미국채를 매입하는 편이 낫다. (단, 미국채는 환율 리스크를 갖고 있는데 이와 관련해서는 아래에 더 자세히 설명해두었다.)

일반적으로 주식을 위험 자산, 채권을 안전 자산이라고 한다. 보통은 주가가 내려갈 때 안전 자산인 채권은 오른다. 다양한 이유가 있지만 경기 침체나 경제 위기가 발발할 때는 많은 이들이 주식 같은 위험 자산보다 안전 자산에 몰려들기 때문이다. 물론 예외도 있는데 지난번 코로나 대유행 초기에는 이례적으로 주식과 채권 가격이 모두 하락했다. 증시가 너무나 큰 폭으로 폭락하여 위기의식을 느낀 사람들이 채권까지 정리해버린 것이 한 가지 이유이다.

그런데 채권은 만기까지만 들고 있으면 원금과 이자율을 그대로 받을 수 있으므로 손해 볼 일이 없다. 다만 기간이 1년 이내로 짧은 국고채는 은행 예·적금 수준의 금리이기 때문에 투자 매력도가 낮다. 이러한 이유로 더 안정적인 나라이면서 금리가 더욱 높은 편인 미국채를 바라보게 되는데, 여기에는 환율 변동에 따른 리스크가 있다. 앞으로 달러가 더 떨어질 것 같지 않다면 미국채에 투자해도 좋지만 달러가 떨어질 일밖에 남지 않았다고 생각하면 그냥 우리나라에서 예·적금을 하는 편이 낫다. 국내 채권 대비 미국채의 비율이 2% 더 높다고 해도 달러가 1,400원에서 1,300원으로만 떨어져도 환손실을 5% 이상 입을 수 있어서 오히려 손해이다. 이처럼 해외 채권은 환율까지 고려해야 하므로 관련 지식에 해박하거나 내가 이미 달러를 보유하고 있는 게 아니라면 굳이 해외 채권을 매수할 필요는 없다.

채권에 투자하는 방식은 채권 ETF에 투자하거나 채권을 직접 매입하는 방식이 있는데, 옆의 표에 따라 장단점을 확인해보고 내게 맞는 투자 방식을 선택해보자. 요약하자면, 채권을 직접 매입할 경우 발행한 주체(국가나 회사)가 망하지만 않는다면 만기 시 원금과 이자율을 전부 돌려받을 수 있다. 하지만 채권 ETF는 여러 채권들을 묶은 상품이고 만기가 없기 때문에 원금 손실을 입을 가능성이 있다는 점을 유념하자.

채권 투자 방식 비교

구분	직접 매수	ETF로 매수
세금	매매차익 비과세	배당소득 과세
종목구성	단일 종목	다양한 채권에 분산
금리 상승 시 가격하락 위험	위험 노출도 낮음 (만기 보유 시 해지 가능)	위험 노출도 큼
연금계좌·ISA 거래 가능 여부	불가	가능
환금성	낮음	양호(1일~2주 소요)

이렇게 간단한 설명만으로 채권, 금, 달러에 대해 깊이 이해하기란 불가능하다. 큰 개념을 잡았으니 이제 관심 있는 상품을 깊게 공부해보고 안전 자산에도 자산을 분배하도록 하자. 초보 투자자일수록 안전 자산을 통한 위험 관리가 필요하다. 단, 미국 주식을 하고 있다면 이 자체로 달러를 보유하고 있는 것이기 때문에 아직 자산이 부족한데 채권, 금 등을 추가적으로 보유할 필요는 없다. 자산이 5,000만 원 이상 생겼다면 그때부터 추가적인 안전 자산을 고려해보자.

투자는 결국 마인드셋

　학교를 졸업하면 더 이상 공부는 안 해도 될 것 같지만 그게 아니었다. 자본주의사회를 살아가려면 반드시 돈 공부를 해야 했다. 또 하나 알게 된 진리가 있다면, 시장을 읽고 어려운 투자 용어를 익히는 일도 중요하지만 그보다 '투자 마인드'를 다지는 것이 가장 기본이라는 사실이다. 어차피 주식 공부 방법, 종목 추천 등은 여러 책이나 유튜브에서 많이 다루고 있고 심지어 종목까지 알려주는 이들도 있다. 하지만 투자를 할 때 마인드를 제대로 갖추지 않고 뛰어들면 수익률에 눈이 멀어 뇌동매매를 하거나 섣부른 투자로 나보다 큰돈을 잃을 수 있다. 주식 투자를 마무리하는 이번 장에서는 가장 중요한 투자 마인드셋에 대해 이야기해보려 한다.

초보 개미를 지켜주는 4가지 투자 마인드셋

돈 좀 벌어보겠다고 친구 따라 투자했다가 천만 원을 잃은 과거의 내가 떠오른다. 그때 이후로 주식의 대가라고 불리는 사람들의 책을 수십, 수백 권 읽으면서 마음을 다잡으려고 노력했던 기억이 난다. 내가 돈 버는 것보다 더 중요하다고 생각하는 투자의 4가지 원칙이 있는데 이제 막 투자를 시작하는 이들과 공유하고 싶다.

① 작은 규모의 회사에는 절대 투자하지 않는다

소규모 기업에 투자한다고 해서 돈을 못 버는 것은 아니다. 오히려 이미 안정적으로 운영되고 있는 대기업보다 성장률이 높아서 주가 상승 폭이 클 수 있다. 미국에는 성장 가능성이 큰 기업에 투자해 10배를 벌어들인다는 텐베거(tenbagger)라는 용어가 있을 정도이다.

하지만 나는 그런 기업을 발굴해낼 수 있는 전문 투자자가 아니며 소규모 기업의 모든 것을 알 방법도, 여유도 없다. 1,000% 수익을 내려다 되려 −100%의 상장폐지를 당할 수 있다. (나도 알고 싶지 않았다.) 처음부터 너무 큰 수익률에 욕심부리지 말고, 기업 정보가 투명하며 투자자들이 많은 우량주를 눈여겨보자. 미국 주식 중 시가총액 10위 내에 있는 회사에 투자하는 것만 해도 초보에게는 엄청난 발전이다.

② 목표 수익률을 연 10% 이내로 잡자

주식을 시작하면 주변의 이야기에 자꾸 흔들리게 마련이다. 누구는 엔비디아로 300% 수익을 올렸고 누구는 코인으로 100배를 불려서 비싼 동네에 집을 샀단다. 이런 이야기에 흔들려서 괜히 나만 뒤처지는 게 아닌지 조급했던 적이 있지만, 투자를 지속하면서 한 가지 사실을 깨달았다. 바로 돈을 잃은 사람은 아무 말이 없다는 것이다. 당장 나부터도 뇌동매매로 돈을 잃었을 때 내가 어리석게 느껴지고 너무나 부끄러워서 아무에게도 말하지 못했다.

하나은행 하나금융연구소에서 매년 발행하는 『대한민국 부자 보고서』를 보면 금융자산 10억 원 이상을 소유한 부자들은 목표 수익률이 놀랍게도 5~10% 정도라고 나온다. 그들은 자산을 불리는 것보다 지키는 게 목표니까 그런 거라고? 나는 지금 부자가 아니니까 더 큰 수익을 내야 따라잡을 수 있을 것 같다고? 그렇게 하다가는 조급해지기 쉽고 매일 주식 창을 들여다보면서 일희일비하게 된다. 우리는 돈을 안정적으로 불리기 위해 주식을 시작하는 것이지 벼락부자가 되어보려는 게 아니다. 벼락부자 되려다가 벼락거지가 될 수도 있다는 점을 반드시 명심하자.

③ 장기 투자의 힘을 믿자

우량주에 투자했다면 이제는 단기적인 시장의 변동성에 일희일비하지 않는 대담함도 필요하다. 코로나 대유행 초기로 돌아가보자. 갑자기 모든 주가가 일제히 내려가고 패닉 상태에 빠진 사람들은 보유하고 있던 주식을 '손절'하느라 바빴다. 그러나 시간이 지나자 결국 주가는 제자리를 찾았고 특히 (미국 주식 기준) 시가총액 10위 내의 주식은 더욱 상승했다.

그 누구도 시장을 정확히 예측할 수는 없다. 하지만 수많은 전문가가 경제가 성장하고 기술이 발전하면서 우량한 회사의 주식은 우상향하기 마련이라고 입을 모아 강조한다. 특히 미국 증시는 장기적으로 계속 우상향해왔다. 실제로 미국 증시의 시가총액 5위까지의 5년간 주가 추이를 검색해보면 최소 100% 이상의 수익률을 보인다는 사실을 알 수 있다. 이런 주식에 매달 꾸준히 장기 투자한다면 복리의 마법으로 시간이 지날수록 더 큰 자산을 형성할 수 있게 될 것이다. 우량한 주식에 투자했는가? 그렇다면 이제는 주식은 잊고 '현생'을 즐겁게 살자.

④ 내 가치를 높이는 데 힘쓰는 것이 가장 좋은 투자이다

가장 수익률 높은 투자는 주식이 아니다. 특히 사회 초년생일수록 더욱 그렇다. 너무 뻔한 말이라고? 나는 처음 입사한 회사를 8년 동안 다니다가 9년 차 때 이직을 했다. 10개 이상의 회사에 서류를 넣고 면접을 보며 마침내 이직에 성공했는데, 전 직장 대비 월급이 50% 이상 올랐다. 세후 270만 원의 월급이 세후 430만 원으로 껑충 뛰었다. 1년 차 시절 월급과 대비하면 약 250%가 오른 금액이었다. 예·적금의 평균 이율은 연 3%이고 주식은 미국 S&P 500 ETF 기준으로 연 8%이다. 그런데 성공적인 이직만으로도 매월 250%(연 250%도 아니고 '월' 250%이다!)의 소득이 증가한 것이다. 물론 자기계발에는 시간과 노력이 필요하지만, 그런 관점에서라면 투자에도 시간과 노력은 필수적이다. 심지어 투자는 원금 손실 가능성이 있는데 자기계발에는 리스크가 없다. 사회 초년생일수록 공격적인 투자보다는 지금 하는 일에 진심으로 몰입해보자. 회사에서 업무로 인정을 받고 대우를 받아야 소득을 늘리고 자존감까지 올릴 수 있다. 재테크도 좋지만 젊을수록 '나'에게 시간을 투자해야 한다는 사실을 꼭 기억하자.

성공한 투자자들은 하나같이 '마인드'를 강조한다. 마인드가 제대로 갖춰져 있지 않은 상태에서 돈을 벌어봤자 모래성 위에 지은 집처럼 불안하기 마련이다. 공부하지 않고 타인에게 기대어 쉽게 돈을 벌어보려는 욕심, 일확천금을 바라는 헛된 마음은 마인드를 다잡아야만 없앨 수 있다. 나는 위의 4가지 원칙을 여기저기 메모해놓고 계속해서 떠올리려고 했다. 돈 공부만큼이나, 아니 그보다 더 마음공부가 중요했다.

3장

시골쥐,
내 집 마련 성공기

차근차근 시작하는 부동산 공부

3억 원짜리 복권에 당첨되었다
그런데…

3억 원짜리 복권에 당첨되면 어떤 기분이 들까? 제일 먼저 내 1년 연봉을 따져보고 회사를 얼마나 쉴지부터 계산할지도 모르겠다. 나에게는 복권 당첨에 견줄 만한 엄청난 행운이 찾아온 적이 있다. 회사생활에 한창이던 5년 차 시절의 일이다. 어느 날 친한 선배가 내게 물었다.

"골쥐 씨, 이번에 청약 넣었죠?"

집 살 돈도 없는데 무슨 청약인가 싶었다. 그런데 점심시간에 또 다른 선배가 그 청약 이야기를 하는 것이 아닌가. 청약이 도대체 뭐길래 이렇게 다들 입을 모아서 한번 해보라고 권하는 걸까. 그날 나는 처음으로 청약홈 사이트에 접속했고 그곳에서 하라는 대로 청약 신청 버튼을 눌렀다. 일주일 뒤, 청약에 당첨되었다는 문자를 받았다. '누구나 다 되는 거구나….' 정말 이렇게 생각했다. 출근하자마자 청약을 알려주었던 선배를 만나 이 사실을 알렸더니 선배가 화들짝 놀라며 소리를 질렀다.

"골쥐 씨가 당첨됐다고요?????"

순식간에 부서 전체에 소문이 퍼져서 나의 청약 당첨 사실을 모르는 사람이 없게 되었다. 다들 축하한다고, 부럽다며 수십 년 치의 운을 끌어모아도 당첨이 어렵다고 이야기했다. 그제야 나는 청약 당첨이 어려운 일이라는 사실을 알게 되었다. 그때는 그 정도로 부동산에 무지했다.

과연 나는 청약 당첨된 집을 계약하고 기쁨을 누렸을까? 그럼 정말 좋았겠지만….

청약 당첨, 한여름 밤의 꿈이었던가

나는 주변 부동산 몇 곳에 전화를 걸어서 당첨된 아파트의 시세를 알아보기 시작했다. 부동산 소장님들은 하나같이 그 아파트는 시세 차익이 엄청날 것이라며 비싼 값에 팔아주겠다고, 다른 데 전화하지 말고 꼭 자신을 통해서 계약했으면 좋겠다고 말했다. 집값이 너무 궁금했던 나는 시세 차익이 얼마나 될 것 같은지 물었다.

"최소 3억 원이요."
"3억이요?"

내 눈이 휘둥그레졌다. 5년간 매일 아침 일찍 일어나서 개미처럼 열심히 회사생활을 했는데도 3억 원을 못 모았는데, 하루아침에 이 큰돈을 번다고 생각하니 얼떨떨하면서도 기뻤다. 부모님마저 당첨 문자를 연신 확인하며 놀라움을 감추지 못하셨는데, 나는 열심히 사는 자에게 복이 온 것이라고 생각하며 하늘에 감사했다.

며칠 뒤, 청약 당첨 문자에 적힌 등기부등본 등의 필수 서류를 떼서 아빠와 함께 모델하우스에 방문했다. 도착하자마자 부동산 관련 일을 하는 분들이 꼭 자신과 부동산 계약을 하자며 아빠에게 명함을 내밀었다. 아빠가 당첨된 줄 알았던 모양이다. 그때 받은 명함이 수십 장에 달하는데, 나는 너무 신이 나서 미소를 숨기기 힘든 채로 얼른 모델하우스 담당 직원에게 서류를 제출하고 처리를 기다렸다.
"고객님. 부적격자이시네요. 청약 당첨은 취소되었고 1년간 청약 지원이 불가하니 참고해주세요."

청약의 기초를 몰랐던
시골쥐의 슬픈 결말

내가 부적격자라니, 그게 무슨 말일까? 왜 청약 지원이 불가능하다는 걸까? 직원의 모니터 화면에는 내 전입신고 이력과 주민등록등본 등의 정보가 띄워져 있었다.

"청약 필수 조건인 해당 지역 2년 계속 거주를 만족하지 못하셨어요. 게다가 골쥐 님은 '세대주'가 아니라 '세대원'이시네요. 여기는 규제 지역이라 세대주만 청약하실 수 있어요. 골쥐 님은 애초에 청약 신청 대상이 아니에요."

지금은 청약 시스템에서 조건이 되지 않는 사람들은 청약에 넣을 수 없게 대부분 기능적으로 막아두었지만 그때만 해도 별도의 제한 없이 청약 신청을 할 수 있었다. 그렇기에 나는 청약을 넣을 자격조차 없다는 사실을 모르고 있었다.

"잠깐만요. 세대원이라서 청약 신청을 할 수 없다는 말은 이해했어요. 그런데 제가 스무 살부터 계속해서 여기 수원을 떠난 적이 없는데 왜 거주 조건을 만족하지 못했죠? 회사도 수원에 있어서 최소 5년은 계속 거주했거든요."

직원은 내 주민등록등본에 최근 2년 사이 약 3일 정도 다른 지역으로 전출 및 전입을 한 이력이 있다고 했다. 그제야 옆에 있던 아빠가 친척의 부탁 때문에 가족 주소지를 며칠 동안 옮겨주었다며 헛기침을 하셨다. 하나라도 자격 요건을 채우지 못하면 청약의 기회를 놓치는구나…. 심지어 전출·전입신고는 내가 한 것도 아닌데…. 아빠도 내가 그렇게 젊은 나이에 청약 당첨이 될 줄은 몰랐을 것이다. 물론 애초부터 나는 세대주가 아니라서 청약 대상자조차 되지 못했지만 괜히 친척에게 원망하는 마음이 들었다.

   내가 부적격인 이유는 하나 더 있다. 부동산 청약에서는 무주택자가 무조건 1순위인데, 내가 무주택자일지라도 등본상 세대 내에 있는 사람 중 유주택자가 있다면 나 또한 유주택자로 간주한다. 부모님과 함께 살고 있는 무주택자 청년이라면 일단 세대주가 아니라 세대원이니 청약이 불가한 경우가 많고, 부모님이 집을 보유하고 있을 경우 나도 유주택자 처리되니 더 많은 제약이 생긴다. (단, 집을 소유하고 있는 부모님이 만 60세가 넘었을 경우 무주택자로 간주하며, 등본상 세대주를 나로 바꾸면 청약에 도전할 수 있다.) 청약을 위해 일찌감치 세대 분리를 하려고 자취를 하는 청년들이 있다는 사실도 나중에야 알게 되었다. 나름 이제는 아는 게 많다고 생각했는데, 여전히 모르는 게 너무 많았다.

   나는 세상을 다 잃은 기분으로 모델하우스를 나왔다. 또다시 사람들이 우르르 몰려들어서 공인중개사 명함을 나눠주었지만 나는 힘없이 "저 부적격자예요"라고 말했다. 그 말 한마

디에 나를 둘러싼 사람들이 양쪽으로 갈라져 사라지는 모세의 기적을 볼 수 있었다.

나의 청약 당첨은 그렇게 물거품이 되었다.

행운도 노력하는 자에게 주어지는 법이다. 돌이켜보면 그때 나는 욕심은 많았지만 그만한 노력은 하지 않았다. 입주자 모집 공고를 한 번만 꼼꼼히 읽어봤더라면 이런 실수는 하지 않았을 것이고 몇 년만 더 일찍 부동산 공부를 했더라면 청약에 당첨되거나 집을 더 일찍 샀을지도 모르는 일이다.

그러나 청약 당첨 취소가 나쁜 일만은 아니었다. 이 사건을 계기로 부동산 공부에 관심을 가지게 되었기 때문이다. 그렇게 나는 1년 뒤 청약 자격 박탈이 해지되었고, 마침내 수백 대 일의 높은 경쟁률을 뚫고 다른 아파트에 당첨되었다. (다만 여러 가지 이유로 이 집을 최종 계약하지는 않았다. 당첨 후 취소해도 아무런 불이익이 없었던 곳이라 가능했다.)

10분이면 이해하는
청약의 거의 모든 것

'청약 부적격자' 판정을 받고 난 뒤에야 청약이라는 세계에 눈을 뜨게 되었다. 허탈한 마음에 며칠은 속이 쓰렸지만 청약을 비롯한 부동산 투자도 열심히 공부해야 한다는 교훈을 얻었으니 마냥 헛된 경험은 아니었다. 청약 하나만 다룬 책이 여럿 있을 정도로 청약의 세계가 그리 간단하지는 않다. 하지만 청약이야말로 부동산 공부에 입문하는 첫 단계 과정이며 새집을 가장 저렴하고 안전하게 살 수 있는 방법이기도 하다. 나도 청약 공부를 계기로 부동산 공부를 시작했다. 차근차근 공부하면 어렵지 않으니 함께 시작해보자.

청약, '새 아파트' 미리 사는 가장 쉬운 방법

청약 당첨이 워낙 어렵기에 청약에 당첨만 되면 집을 무료로 받는 줄 아는 사람들이 가끔 있다. 하지만 주택 청약이란 새로 지어지는 아파트를 매수할 수 있는 권리를 얻는 제도이다. 강남같이 좋은 입지에 2천 세대 대단지 아파트가 지어질 예정이라고 가정해보자. 신축에 위치도 좋으니 많은 이들이 관심을 가질 수밖에 없다. 이때 그 집을 사고자 하는 수요는 많은데 집은 한정되어 있으므로 청약 제도를 통해 그 집에 가장 어울리는 사람을 가리게 된다. 당첨된 사람은 그 집을 매수할 수 있는 권리를 얻는다.

청약 대상자를 선정하는 기준은 가점제, 추첨제 두 가지이다. 먼저 가점제는 무주택 기간, 부양가족, 청약 통장 가입 기간 등 신청자의 조건에 따라 점수를 부여하고, 점수가 높은 순으로 대상자를 선정하는 방식이다. 추첨제는 말 그대로 조건 상관없이 무작위로 추첨하여 대상자를 선정하는 방식을 말한다. 이렇게 선정된 청약 당첨자는 약 2~3년 동안의 공사 기간 동안 계약금, 중도금, 잔금을 나눠서 집값을 지불하면 되는데, 처음에는 분양가의 10~20%에 해당하는 계약금만 내면 되므로 당장 큰돈이 필요하지 않다. 또한 신축 단지를 2~3년 전 미리 사두는 것이므로 분양가가 비교적 저렴하다는 장점이 있다.

어떤 아파트에
청약을 넣어야 할까

본격적으로 청약 방법에 대해 알아보기 전에 중요한 한 가지를 먼저 짚어보려 한다. '정말 그 집에 청약을 해야 하는가'이다. 청약이라고 해서 모두 다 좋은 위치의 주택을 비교적 저렴한 가격에 공급하는 것은 아니다. '이 돈 주고 거길 산다고?' 소리가 절로 나올 정도로 가치 대비 분양가가 높은 청약도 있으니 '묻지 마 청약'은 절대 금물이다. 그럼 어떤 곳에 청약을 넣어야 좋을까?

① 주변 시세보다 가격이 합리적인 아파트

분양가가 적당한지는 어떻게 알아볼 수 있을까? 내가 청약하려는 아파트 근처의 기축 아파트, 그중에서도 가장 최근에 지어진 아파트의 현재 시세와 비교해보면 된다. 시세는 '네이버 부동산'이나 '호갱노노' 서비스를 통해 확인해볼 수 있는데 예를 들어 2020년 분양한 개포동 디에이치퍼스티어아이파크의 경우, 59제곱미터(전용 18평) 기준 일반 분양가가 약 13억 원이었다. 물론 13억 원은 매우 큰돈이지만, 사실 강남이라는 좋은 위치 덕분에 당시 주변 아파트의 시세는 20억원이 넘었다. 이곳에 청약 당첨이 된 사람은 최소 7억 원의 시세 차익을 볼 수 있는 셈이다. 또한 대부분의 사람들이 신축을 선호하니, 실제로 입주하게 되는 2~3년 뒤에는 시세가 더 오를 것이라고 기대할 만하다. 이처럼 주변에 이미 지어진 아파트의 시세를 알아보면 내가 얼마의 이익을 확보할 수 있는지 예상할 수 있다.

최근에는 공사비 인상, 원자재 값 상승 등의 이유로 '고분양 열풍'이 불면서, 주변 시세보다 청약 분양가가 높은 경우도 생겨나고 있다. 주변 기축 아파트의 시세가 5억 원인데 내가 청약하려는 단지의 분양가는 10% 비싼 5억 5천만 원이라고 해보자. 이곳에 청약을 넣어도 괜찮을까? 정답은 없지만, 내가 그 아파트에 실거주할 목적이라면 청약을 시도해도 무방하다고 생각한다. 내 집 마련의 과업을 이룰 수 있고, 입지 좋은 곳에 위치한 신축 아파트라면 추후 집값이 상승할 여력이 있기 때문이다. 하지만 내가 그 동네에 연고가 없으며 시세 대비 20% 이상 분양가가 높다면 다시 한번 고려해보았으면 한다.

② 개발 호재가 많은 아파트

청약을 할 때는 앞으로의 가격 상승에 영향을 미칠 수 있는 개발 호재도 확인해보자. 인터넷에 해당 아파트의 개발 호재를 검색해도 되고, 호갱노노 등의 앱을 활용해도 좋다. 호갱노노에 들어가 메뉴-설정-서비스 설정-개발 호재 기능 사용을 설정하면 되는데, 이렇게 설정한 뒤 메인화면 좌측에 분석-개발 호재를 누르면 앞으로의 호재가 표시된다. 개발 호재는 도로, 철도, 건설 등 공사 중인 현장이나 계획 중인 내용을 표시하며, 해당 자료는 공시된 뉴스를 근거로 한다.

다만 실제 착공이나 진위 여부는 표시하지 않으므로 참고하는 정도로만 활용하자. 정확한 자료인지 확인하기 위해서는 인터넷 검색이나 실제 임장 등을 통해 크로스 체크를 하는 편이 좋다. 또한 계획은 언제든 무산될 가능성이 있고, 생각보다 지연되는 경우도 많으니 호재 하나만 보고 비싼 단지에 청약을 덥석 넣는 행위는 위험할 수 있다. 주변 기축 아파트의 시세와 호재, 나의 자금 상황 등 모두를 종합적으로 고려하여 결정해야 한다.

참고로 (실거주 의무가 없다면) 내가 실거주할 집이 아니어도 시세 상승이 기대되는 곳이라면 청약을 넣어봐도 좋다. 예를 들어 내가 서울 강북에 거주하더라도 요건만 되면 강남의 아파트에 청약을 넣어볼 수도 있는 것이다. 이렇듯 실거주가 아닌 투자 목적으로 청약에 접근할 수도 있다. 내가 사는 지역이 아니더라도 다양한 입지의 청약에 관심을 가지며 자산을 늘려보자.

내 청약 점수는 과연 얼마일까

앞서 말했듯 청약에는 가점제와 추첨제가 있다. 가점제는 여러 조건 중 점수가 높은 사람이 당첨되는 방식이고, 추첨제는 말 그대로 로또처럼 무작위로 추첨을 하는 방식이다. 청약 지역 및 평수에 따라 다르지만, 평균적으로 가점제와 추첨제가 6 대 4 정도의 비율이라고 생각하면 된다.

그렇다면 나의 청약 점수는 얼마일까? 가점제에서는 '가점 점수 산정 기준표'에 따라 무주택 기간, 부양가족 수, 통장 가입 기간이라는 3가지 기준을 합산하여 점수를 낸다.

① 무주택 기간(최고 32점)

만 30세 이상 또는 결혼을 한 시점부터 무주택 기간 점수가 산정된다. 예를 들어 29세 무주택자라면 만 30세를 넘지 않으니 무주택임에도 불구하고 0점이며, 만 26세에 결혼한 무주택자의 경우에는 만 27세가 되면 무주택 기간이 1년 미만으로 2점을 얻게 된다. 만 30세 이하 미혼이라면 인기 있는 청약에서 가점제로 당첨될 확률은 없다고 봐도 무방하다.

② 부양가족(최대 35점)

부양가족은 세대원보다 좁은 개념으로, 세대원에는 포함

되더라도 부양가족에는 포함되지 않을 수 있으니 청약 점수를 계산할 때 더욱 유의해야 한다. 주택 청약에서 부양가족은 본인을 제외한 직계존속(부모님) 및 배우자(배우자의 부모님), 직계비속(자녀)에 한정되며, 인원수에 따라 점수가 올라간다. 배우자는 따로 거주해도 부양가족으로 인정되며, 형제자매나 삼촌, 사촌 등은 청약 당사자가 실질적으로 경제적인 도움을 주며 부양하더라도 주택 청약에서는 부양가족으로 인정하지 않는다. 또한 직계존속(부모님)은 입주자 모집 공고일 기준으로 최근 3년 이상 계속하여 본인 또는 그 배우자와 같은 세대별 주민등록표에 등재된 경우에 부양가족으로 본다. 단, 주택을 소유한 직계존속에게는 부양가족 가점을 부여하지 않는다. 이 외에도 부양가족에는 예외 사항이 정말 많으므로, 부모님이나 자녀 등을 부양하고 있다면 반드시 더 자세히 공부해보도록 하자.

나의 경우 부모님과 3년 이상 계속하여 주민등록표에 등재되지 않았으며 부모님이 유주택자였으므로 부양가족은 한 명도 없는 것으로 간주되어 기본 가점인 5점밖에 받을 수 없었다. 인기 단지는 부양가족부터 만점인 사람들이 청약을 넣기에 청년이라면 경쟁률이 높은 청약에서 가점제로 당첨될 확률은 없다고 이해하는 것이 마음 편하다.

③ 청약 통장 가입 기간(최대 17점)

　많은 전문가가 청약 통장을 최대한 빨리 만들어야 한다고 강조하는데 바로 가입 기간에 대한 가점 때문이다. 일찍 가입할수록 이 점수를 빠른 시일 내에 최대로 채울 수 있다. 작년까지만 해도 만 19세 이상부터 청약 통장 가입 기간이 인정되었으며 미성년자의 가입 인정 기간은 2년이었다. 이러한 이유로 만 17세부터 청약 통장에 가입하는 경우가 많았는데, 올해(2024년)부터 미성년자 가입 인정 기간이 5년으로 늘어났다. 즉, 만 14세부터 청약 통장에 가입할 경우 만 29세가 되면 가입 기간이 만점이 되는 셈이다.

　나는 만 19세에 가입했고 10년이 지났으므로 가입 기간 점수가 12점이다. 만점이 되려면 아직도 5년이나 남았는데, 인기 있는 아파트의 경우 1점만으로도 승패가 갈리므로 청약 통장은 최대한 일찍 만드는 편이 유리하다.

　이제 나의 청약 점수를 한번 계산해보자. (참고로 인터넷에 '청약 가점 빠른 계산기'를 검색하여 주택도시기금 사이트에 접속하면 클릭 몇 번으로 점수를 손쉽게 계산해볼 수 있다.) 나는 만 30세가 되지 않았으므로 무주택 점수는 0점이고, 부양가족이 0명이므로 5점이다. 청약 통장 가입 기간은 9년 이상~10년 미만에 속해 11점이다. 모두 더하면 나의 청약 점수는 16점이라는 결과가 나온다. 사실 이십 대의 나이에는 15점을 넘기기도 쉽지 않다.

그런데 인기 있는 단지들은 가점제 당첨을 노리려면 최소 50점 이상이 필요하다. 앞서 예로 들었던 개포동 디에이치퍼스티어아이파크의 경우 59제곱미터의 당첨 최저 가점이 61~63점이었으며 조금 더 큰 평수인 112제곱미터는 65~69점이었다. 이십 대가 인기 있는 단지에서 가점제로 당첨되기란 하늘의 별 따기인 셈이다.

가점이 높지 않아도 청약 당첨의 기회는 있다

수요가 높은 인기 지역의 아파트는 청약 경쟁이 매우 치열하다. 가점이 높지 않은 2030 무주택자는 사실상 가점제 당첨이 불가능하다. 그럼 청약을 포기해야 하는 걸까? 그렇지 않다. 우리 모두가 수도권에 사는 것도 아니고 지방은 상대적으로 경쟁률이 낮으며, 우리에게는 추첨제도 있기 때문이다. 그리고 정책적으로 배려가 필요한 사람들에게 청약의 기회를 주는 '특별 공급'도 있다. 무엇이 나에게 적합할지 한번 알아보자.

① 추첨제

청약에는 가점제 외에 무작위로 당첨자를 뽑는 추첨제가 있다. 지역과 평형에 따라 추첨제 비율이 다른데, 투기과열지구(2024년 기준 서초·강남·송파·용산)는 전용면적 60제곱미터 이하 기준으로 가점제 40%, 추첨제 60%로 당첨자를 가른다. 전용면적 60제곱미터 초과 85제곱미터 이하는 가점제 70%, 추첨제 30%이며, 전용면적 85제곱미터 초과는 가점제 80%, 추첨제 20%이다. 작은 평형에서 추첨제의 비율이 높은 이유는 이곳에 상대적으로 젊은 세대가 거주하기 때문이다. 85제곱미터를 초과하는 평형은 가족 구성원이 많거나 경제적으로 여유 있는 사람들이 주로 찾으므로 가점제의 비율을 높였다. 따라서 이십 대라면 추첨제 비율이 높은 59제곱미터를, 자녀가 있는 사십 대 이상의 경우 가점제 비율이 높은 84제곱미터를 노려보는 게 현명한 방법일 수 있다.

나는 이십 대 때 청약에 2번 당첨됐는데 모두 추첨제를 통해서였다. 추첨제 비율이 높은 59제곱미터에 지원해서 상대적으로 당첨 확률이 더 높았다고 생각한다. 참고로 투기과열지구가 아닌 경우에는 추첨제 비율이 더 높은 경우가 있으므로 표를 참고해보도록 하자.

민영주택 가점/추첨 비율

면적	투기과열지구	비규제지역
전용 60㎡ 이하	가점 40%	가점 40%
	추첨 60%	추첨 60%
전용 60㎡~85㎡	가점 70%	가점 40%
	추첨 30%	추첨 60%
전용 85㎡ 초과	가점 80%	가점 0%
	추첨 20%	추첨 100%

② 특별 공급

　신혼부부, 다자녀 가구, 노부모 부양 가구 등 정책적으로 배려가 필요한 사람들이 있다. 이렇게 특정 조건에 맞는 사람들만 지원할 수 있는 제도가 바로 특별 공급이다. 특별 공급은 일반 청약보다 경쟁률이 훨씬 낮고, 특별 공급에서 떨어지더라도 일반 공급에서 또 한 번 경쟁하므로 대상만 된다면 무조건 특별 공급을 노리는 편이 유리하다. 자신이 특별 공급 대상에 해당하는지 확인하려면 입주자 모집 공고문을 살펴보면 된다. 기관 추천, 신혼부부, 다자녀 가구, 노부모 부양 가구, 생애 최초 등의 유형이 있으며, 신혼부부와 생애 최초는 소득 및 자산 요건이 있으니 해당 요건을 충족하는지부터 확인해보자. 특별 공급 제도는 매년 더 좋은 방향으로 개선되고 있다. 혹시 특별 공급 대상에 해당한다면 일반 공급과는 다른 점수 요건을 만족하는지 따져보며 청약 공부를 더욱 열심히 해보자.

지금까지 청약의 이모저모에 대해 알아보았다. 혹시 복잡하고 어려워서 포기하고 싶은가? 어차피 지금 당장은 집을 살 돈이 없으니 청약 공부는 미뤄두고 싶은가? 그럴 때면 예전의 골쥐를 떠올리면 된다. 미리 준비하지 못해 눈부신 3억의 기회를 날려버렸던 나를 말이다. 정 어렵다면 청약 통장에 매달 몇만 원씩 납입하는 것부터 시작하자. 그리고 가끔은 '줍줍' 무순위 청약으로 한 번에 큰돈을 벌 수 있는 '로또 청약'이 청약 시장에 나오므로 절대 관심을 놓지 말자.

Q&A로 알아보는 청약의 모든 것

이제 청약의 큰 틀은 이해했지만, 여전히 궁금한 점이 많을 것이다. 자주 질문하는 내용을 Q&A 형식으로 정리해보았다.

Q. 청약에 신청할 수 있는 기본 조건이 있는가?

기본적으로 청약 통장이 있어야 한다. 세부 조건은 국민주택과 민영주택 여부에 따라 다르다. 국민주택은 나라, 지자체, 한국토지주택공사(LH) 등에서 건축하는 아파트를 말하며, 민영주택은 흔히 아는 힐스테이트, 자이, 푸르지오처럼 민간 건설사들이 지은 아파트를 가리킨다.

국민주택의 경우 사람이 몰리는 투기과열지구나 청약과열지구와 같은 곳에 청약을 하려면 청약 통장 가입 기간이 2년 이상이고 청약 납입 횟수가 24회 이상이어야 한다. 이외의 지방은 청약 통장 가입 기간이 6개월이나 1년 정도로 짧다. 그렇다고 해서 납입 횟수를 최소 조건에 맞출 필요는 없다. 국민주택은 납입 횟수 및 금액을 기준으로 당첨자를 선정하기 때문이다. 반면 민영주택은 국민주택과 청약 가입 기간은 동일하지만 납입 횟수는 지역 및 면적별 예치금(주택 청약에 저축해두는 돈) 기준만 만족하면 된다. 돈을 더 많이 납입했다고 해서 우선순위가 높아지지는 않는다.

Q. 청약 통장, 매달 얼마를 넣어야 좋을까?

청약 통장의 최소 납입금액은 2만 원이며 최대 납입 인정금액은 10만 원이었으나, 2024년 11월부터는 최대 25만 원까지도 납입을 인정한다. 많은 이들이 도대체 얼마를 넣

면적	서울/부산	기타 광역시	기타 시/군
85㎡	300만 원	250만 원	200만 원
102㎡	600만 원	400만 원	300만 원
135㎡	1,000만 원	700만 원	400만 원
모든 면적	1,500만 원	1,000만 원	500만 원

민영주택청약 예치 기준 금액

어야 하는지 많이 고민하는데, 대학생이라면 당장은 집을 매수할 자금이 없을 테니 최소 납입 인정 금액인 월 2만 원만 납부해도 괜찮다. 하지만 서울·부산은 최소 300만 원이 예치되어 있어야 청약을 넣을 수 있고 국민주택의 경우 저축 총액 또는 납입 횟수가 많은 순으로 당첨된다는 점을 고려하면, 직장인의 경우 최소 월 10만 원, 여유가 있다면 최대 금액(25만 원)을 채우는 편이 좋다.

나는 스무 살 때부터 월 10만 원을 청약 통장에 저축했으며 현재는 약 500만 원이 예치되어 있는 상황으로 더 이상은 납입하지 않고 있다. 그러나 국민주택을 노리고 있다면 납입 횟수와 총액을 늘리기 위해 꾸준히 일정 금액을 저축하는 편이 유리하다. 다만 수도권 기준으로 국민 주택에 당첨된 이들의 평균 납입액은 약 1,500만 원에 달한다. 즉 월 10만 원씩 약 15년을 저축한 금액이다. 지방의 경우 당첨선이 훨씬 낮지만 당장 1~2년 저축한다고 해서 국민주택에 당첨되기는 어렵다는 점만 유념해두도록 하자.

Q. 전매 제한과 실거주 요건이란 무엇일까?

전매 제한이란 청약으로 당첨된 집을 일정 기간 동안 매도할 수 없도록 제한하는 제도로, 부동산 시장의 투기 수요를 억제하기 위해 만들어졌다. 정부는 강남·서초·송파·용산 등 집값이 비싸고 수요가 몰리는 지역을 투기과열지구로 지정하는데, 이런 지역에서 청약 당첨된 아파트를 최대

10년까지 매도할 수 없도록 전매 제한을 강화한 적도 있었다. 2024년 현재는 전매 제한 기간이 상당히 단축된 상태이다. 그러나 여전히 전매 제한을 둔 지역이 있으므로 청약 신청 전에 반드시 입주자 모집 공고를 통해 해당 내용을 확인하자.

한편 실거주 요건은 아파트가 완공되면 청약 당첨자가 몇 년 내 직접 일정 기간 입주하여 실거주를 해야 하는 조건을 말한다. 만약 투자 목적으로 청약을 넣고자 한다면 실거주 요건은 없는지 주의해서 살펴야 한다. 실거주가 목적이라고 해도 해당 아파트가 나의 생활권과 근접해 있는지 따져보아야 한다.

Q. '무순위 청약'이 뭘까?

인기 폭발인 지역에서 '무순위 청약', '줍줍' 등의 말이 나오는 경우가 있다. 무순위 청약이란 청약 신청이 끝난 이후에 어떠한 이유로 미계약 세대가 생겼을 때, 이 집에 대해 1순위 등의 조건 없이 다시 청약 신청을 받는 제도를 말한다. 미계약 이유로는 청약 당첨자의 변심, 청약 당첨자가 (예전의 나처럼) 부적격 처리되었을 때, 공급 대비 수요자가 부족해 미분양이 난 경우 등이 있다.

무순위 청약은 일반 청약과 달리 세대주뿐만 아니라 세대원도 넣어볼 수 있다. 또한 청약 통장이 없어도 되고, 거주지도 무관하며, 실거주 의무가 없는 데다가 전매까지 가능하다. 다만, 무순위 청약은 일반 분양이 끝난 뒤에 실시하여 계약금과 중도금, 잔금을 짧은 시간 내에 납부해야 하는 경우가 대부분이므로 주택 자금을 빠르게 확보할 수 있어야 한다. 혹여나 무리한 분양가가 산정된 단지라서 미분양이 났거나 애초에 인기가 없는 단지가 무순위로 풀린 것은 아닌지 알아볼 필요도 있다.

Q. 돈이 많지 않아도 청약에 도전할 수 있다던데?

일부 맞는 말이다. 부동산 청약에 당첨되면 집값을 계약금, 중도금, 잔금의 3단계로 납부하게 된다.

먼저 계약금은 청약 당첨 후 보통 2주 안에 납부해야 하는 금액으로, 전체 집값의 10~20% 수준이다. 분양가가 5억 원이고 계약금이 10%라면 당장 5,000만 원만 있어도 청약을 안전하게 넣을 수 있다는 말이다.

중도금은 집이 지어지는 2~3년 동안의 기간 동안 여러 차례로 나누어 내는데, 통상 집값의 60% 정도이며 보통 두세 달 간격, 6차례로 나누어서 납부한다. 꽤 큰돈이므로 부담일 수 있는데 다행히 중도금 대출로 해결이 가능하다. 이때 LTV(Loan to Value ratio, 주택담보비율)라는 대출 규제가 적용될 수도 있는데, 해당 여부는 청약 신청 전에 따로 알아보아야 한다. 참고로 중도금 대출의 이자는 일부 지역에 한해 무이자인 경우가 있으며, 잔금 시기에 한꺼번에 납부하는 '이자 후불제' 방식도 있으므로 이 부분도 입주자 모집 공고문을 통해 확인하자.

마지막으로 잔금은 입주 기간에 맞춰 납부하면 되는데 통상적으로 집값의 20% 정도이다. 이때 실거주할 경우 기존의 중도금 대출을 상환하고 잔금 대출로 전환하게 된다. 만약 세입자를 구하면 세입자의 전세금으로 중도금 대출을 상환하고 잔금을 납부하면 된다.

결론적으로 청약에 당첨된 직후에는 분양가의 10~20%에 해당하는 계약금만 있으면 된다. 또한 아파트가 지어지는 2~3년 동안에는 중도금을 전액 혹은 상당 부분 대출로 충당할 수 있다. 다만 잔금을 치를 때는 중도금을 상환하고 나머지 금액까지 모두 납부해야 한다. 그러므로 청약 신청하기 전부터 장차 잔금 대출을 얼마나 받을 수 있는지, 내 돈은 얼마나 필요한지 등을 따져보고 자금 계획을 철저히 세워두어야 한다.

눈물의 신도시
월세 라이프

　청약으로 복잡해진 머리를 식히기 위해 잠시 나의 스무 살 시절 이야기를 들려줄까 한다. 고등학교를 졸업하고 막 취업했을 즈음의 이야기이다. 경상남도 창원에 살던 나는 경기도 수원시에 있는 회사에 합격을 해서 홀로 떠나오게 되었다. 가족과 함께 살다가 혼자 자취하게 된 것이다. 직장 때문에 어쩔 수 없는 일이었지만, 집을 구하는 나를 부러워하는 친구들이 꽤 있었다. 아무래도 부모님과 함께 살면 이런저런 제약이 있으니 그랬던 모양이다. 그런데 혼자 살면 정말 좋기만 할까? 혹시 자취, 독립을 꿈꾸는 사회 초년생이 있다면 내 상경기를 한번 들어보았으면 한다.

스무 살의 시골쥐
광교 신도시로 상경한 사연

처음에는 나도 나만의 공간을 갖게 되었다는 사실이 매우 기대되고 기뻤다. 그런데 자취방 구하기에 돌입하면서 설렘보다는 걱정이 한가득 생겨났다. 여수와 창원에서만 살았기 때문에 수도권에 대해 아는 게 거의 없었기 때문이다. 다행히 엄마 지인 중에서 부동산에 관심이 많은 분이 계셔서 "수원에 광교가 살기 좋다더라" 하는 추천을 받을 수 있었다. 광교! 그 동네가 어디에 있는지도 모른 채 우리는 '광교'에 꽂혀서 곧바로 광교 자취방을 알아보기 시작했다.

무일푼이었던 나는 방 하나짜리 원룸을 알아보다가 이내 광교 집값에 눈이 휘둥그레졌다. 광교는 신도시답게 빌라가 없었고 큰 오피스텔 단지만 즐비했다. 그런데 아주 조그만 오피스텔 방값이 보증금 500만 원에 월세 50만 원이나 하다니…. (지금은 더 올랐다.) 창원의 2배쯤 되는 가격이 너무 부담스러웠다. 아니, 창원이었으면 반값에 더 큰 방을 구할 수도 있었을 것이다. 내 얼굴이 실시간으로 어두워지는 것을 눈치챘는지 부동산 소장님은 전세를 추천했다.
"월세가 부담스러우면 전세도 괜찮아요. 전세 대출을 받으면 월세보다 돈이 덜 나가니까."

그렇게 전세와 월세의 선택지가 내 앞에 놓였다. 난생처음 하게 된 경험이었다. 나는 월세에 비하면 매달 돈이 적게 나가는 전세가 더 괜찮아 보였는데, 부모님이 극구 말리셨다. 잘못하면 돈을 떼이거나 늦게 받을 수 있다는 것이다. 부모님은 살면서 그런 경험을 많이 했다고 말씀하셨다. 결국 나는 5평짜리 원룸 복층 오피스텔을 '500에 45'로 월세 계약하게 되었다. 45만 원도 비싸다고 생각했지만 이 동네에서 가장 저렴한 집이라 어쩔 수 없었다. 지금의 나라면 훨씬 저렴한 주거비로 거주할 수 있는 공공임대주택이나 주거 관련 지원 제도 등을 적극적으로 알아보았을 텐데, 스무 살 사회 초년생 때는 그런 정보를 찾을 생각은 꿈에도 하지 못했다.

통장이 텅장 되었던
눈물의 월세 라이프

직장생활과 함께 시작된 나의 광교 라이프는 기대 이상이었다. 일단 아무에게도 간섭받지 않는 나만의 공간이 생겼다는 것이 행복했다. 게다가 주변 인프라가 내가 살던 지방과 비교할 수 없을 정도로 뛰어났다. 광교에는 영화관, 호수 공원, 카페 거리, 백화점 등 없는 게 없어서 주말에는 슬리퍼 신고 나가서 영화관에서 영화 한 편 보고, 밤에는 호수 공원을 걸으며 즐거운 시간을 보냈다. 정말 행복했다. 정말. 오피스텔 관리비 고지서를 받기 전까지는….

그 당시 내가 받은 월급이 180만 원이었는데, 오피스텔 관리비가 15만 원이나 나왔다. 여기에 휴지, 인터넷·휴대폰 요금, 식비 등 생활비를 추가하면 한 달 주거비로만 최소 65만 원 이상이 들었다. 월급의 3분의 1이 주거비로 빠져나간다고 생각하니 아찔했다. '다들 이렇게 사는 건가? 이렇게 쪼들리면서 사는 게 맞아? 그래도 마이너스는 아니네. 하긴 내가 당장 집 살 것도 아니고 큰돈은 필요 없으니까 괜찮겠지? 어떻게든 버텨봐야 하는 거겠지….'

그렇게 행복하면서도 어딘가 불편한 마음으로 광교 라이프를 즐기던 어느 날, 나는 회사에 관리비를 포함해 월 3만 원밖에 들지 않는다는 기숙사가 있다는 소식을 듣게 되었다. 원래는 특정 직군만 들어갈 수 있지만, T/O가 남아서 누구든 들어갈 수 있다고 했다. 그 사실을 알게 된 순간부터 나는 밤낮으로 내적 갈등을 겪었다.

불편하게 살아야
돈이 모인다

 '관리비 포함 3만 원이라니, 이건 미친 가격이야. 1년을 살아도 주거비가 36만 원이고, 3년을 산다고 해도 108만 원밖에 안 드네. 광교 두 달 치 주거비라고!' 주거비를 생각하면 옮기지 않을 이유가 없었다. 하지만 그곳에 가면 나의 아름다운 광교 라이프와는 이별해야 했다. 나는 더 이상 신도시의 일상을 누릴 수 없게 된다. 그뿐인가. 6평 남짓한 회사 기숙사는 3인 1실인 데다가 1층의 공용 샤워실을 함께 써야 했고 엘리베이터 없는 5층에 있어서 매일같이 1층과 5층을 오르락내리락해야 했다. 기숙사를 한번 둘러본 나는 당장이라도 도망치고 싶었지만 결국 이사하기로 결심했다. 광교에서 매달 주거비로만 65만 원을 내며 계속해서 쪼들리는 삶을 살 자신은 더더욱 없었기 때문이다. 나는 부동산 복비까지 물어주면서 광교 생활을 정리했다.

 예상했던 대로 기숙사 생활은 엄청나게 불편했다. 이제 '프라이버시'라는 단어는 저 멀리 던져버려야 했다. 여름에 샤워할 때마다 목욕 바구니를 들고 지하 1층 공용 샤워장으로 내려갔다가 동기들과 부끄러운 모습을 마주한 게 한두 번이 아니었다. 깨끗이 씻고 5층으로 걸어 올라오는데 그사이

3년간 지냈던 기숙사

땀이 나서 다시 샤워할까 고민한 적도 있다. 광교 생활에 비해 좋은 점을 눈 씻고 찾아보려고 해도 '돈' 말고는 없었다. 겨우 하나 찾은 것이 '화장실 청소 안 해도 된다'는 점 하나였다. 가끔은 돈 때문에 굳이 불편한 곳으로 옮겨온 내 모습이 처량하게 느껴지기도 했다.

그런데 신기한 일이다. 180만 원밖에 되지 않는 월급으로도 돈이 참 잘 모였다. 일단 주거비가 획기적으로 줄어들었고, 여러 모임에 끼지도 않으니 돈도 절약되었다. 회사에서 세 끼를 모두 무료로 제공해준 덕분에 식비 역시 하나도 들지 않았다. 그렇다고 기숙사에 갇혀 지냈던 것도 아니다. 주말에는 기숙사 동기와 광역 버스를 타고 서울 이곳저곳을 구경 다녔다. 경복궁, 한강 공원, 박물관을 구경하는 데는 그리 큰돈이 들지 않았다.

   3년이 지났다. 나는 어느새 목돈이 모인 통장을 보고 미소 지을 수 있었다. 처음 상경할 때처럼 무일푼이 아니었기에 이제는 여유 있게 더 좋은 조건의 집을 알아보게 되었다.

안전하고 저렴한
전세·월세 주택 없을까

   다행히 나는 회사 기숙사가 있어서 거주비를 크게 줄일 수 있었지만, 이런 혜택이 없다면 어떻게 해야 할까? 요즘 전세 사기 때문에 말이 많지만, 월세가 부담되어서 위험을 안고 전세를 알아보는 경우가 많다. 그런데 저렴한 데다가 안전이 보장된 주택이 있다. 바로 LH(한국토지주택공사), SH(서울주택도시공사)와 같은 공기업이 운영하는 공공임대주택이다. 이들 기업은 저소득층, 청년, 신혼부부 등 사회적으로 배려가 필요한 대상에게 저렴하고 안전한 임대주택을 제공하는데 소득 기준, 자산 등의 조건이 부합한다면 이곳에 입주하는 게 무조건 이득이다.

   LH와 SH가 제공하는 임대주택의 종류는 통합공공임대, 국민임대, 행복주택, 공공임대, 영구임대, 장기전세, 매입임대, 전세임대 등 다양한 형태로 나뉘는데, 임대주택 유형에 따라 소득 및 자산 등 입주 자격이 다르다. 더욱 자세히 알아보고 싶다면 국토교통부에서 만든 마이홈포털(myhome.go.kr) 사이트 및 LH청약플러스(apply.lh.or.kr)를 참고하여 관심 지역의 임대주택을 검색하고 지원해보자.

만약 내가 광교에 계속 살았다면 어땠을까? 3년 뒤의 내 모습은 많이 달랐을 것이다. 돈을 많이 모으지 못해 '텅장'을 갖게 되었을 테고, 더 나은 집으로 옮기는 일은 꿈도 꾸지 못했을 것이다. 기숙사 생활은 참으로 불편했지만 나에게 돈을 모아야겠다는 동기 부여를 해주었고 재테크에도 관심을 갖게 만들었다.

지금의 불편함이 그리 나쁜 것만은 아니다. 만약 행복한 독립을 꿈꾸는 사회 초년생이 있다면 당장의 편리함을 좇을 필요는 없다고 말해주고 싶다. 얻는 게 있으면 잃는 게 있는 법. 당장 자유를 얻으려고 자취를 시작한다면 미래의 내가 고생할 수 있다. 내가 가진 게 적을수록 지출, 그중에서도 가장 돈이 많이 들어가는 주거비는 최소화하자. 만약 부모님과 함께 살고 있다면 부모님께는 죄송하지만 최대한 늦게 독립을 하며, 부모님께 생활비를 조금씩 보태는 게 좋다. 절대 독립하지 말라는 말이 아니다. 언젠가는 우리 모두 독립을 해야 한다. 그렇다면 장기적인 관점에서 나의 삶을 설계하고 돈을 차곡차곡 모으는 일부터 시작해보자. 절약과 저축의 중요성은 아무리 강조해도 지나치지 않다.

전세 살까?
월세 살까?

　기숙사에 산 지 만 3년이 지났다. 이제는 기숙사에서 나와 제대로 된 자취방을 구할 차례였다. 마침 대학을 졸업한 친언니가 내가 있는 수원과 가까운 판교에서 직장생활을 시작하게 되었고, 우리는 중간 지점인 광교에서 같이 살기로 했다. 예전에 몇 달 살지도 못하고 나왔던 눈물의 광교 말이다. 나는 3년 만에 그곳에 다시 돌아갈 수 있다는 생각에 마음이 설렜다.

　우리는 둘이 살기 적당한 크기에 지하철역도 어느 정도 가까운 집을 알아보았다. 조건이 하나씩 더 붙을수록 집값은 어마어마하게 올라갔는데, 역세권에 위치한 1.5룸(거실과 방이 분리된 집)의 전셋값은 최소 2억 원이었다. 역시 수도권의 물가는 상상초월이었다. 그래도 나와 언니에게 목돈이 있으니 나머지 돈만 저렴한 청년 대출로 충당하면 되었다. 나는 회사 은행에서 해주는 청년 대출을 받았지만, 청년들이 일반적으로 받는 청년버팀목전세대출은 연 소득 5,000만 원 이하(신혼부부의 경우 연 소득 7,500만 원 이하)라면 1.8~2.7%의 저렴한 금리로 대출을 받을 수 있다. 1억 원을 대출받으면 최대 2.7%의 금리를 낸다고 해도 1년 이자가 270만 원에 불과하다. 월로 환산하면 22만 5,000원으로, 비슷한 컨디션의 집이 보증금 1,000만 원에 월세 90만 원으로 나온 사실을 고려하면 엄청나게 저렴한 수준이다. 나는 전세를 사는 쪽으로 마음이 기울었으나 이번에도 부모님은 반대하셨다.

"안 된다. 전세는 들어가는 게 아니야. 그냥 월세로 살거라."
"청년 대출 받으면 엄청 저렴해! 아낄 수 있는 돈이 얼만데!"
"아니야. 그래도 월세 살아."

이번에는 독립 이야기 2탄, 전세와 월세 중 고민하는 사회 초년생을 위한 이야기이다.

전세보다 월세가
훨씬 안전하다

   3년간 매일 지하 1층과 5층을 걸어 다니고 공용 샤워실을 써가며 나름 큰돈을 모았던 나는 조금이라도 돈을 아끼고 싶었다. 어떻게든 전세를 살겠다는 마음으로 전세보증보험을 알아보기도 했다. 주택도시보증공사(HUG)가 운영하는 전세보증보험에 가입하면 추후 집주인이 전세금을 돌려주지 않을 경우에 HUG가 먼저 세입자에게 돈을 돌려준다. 전세에 대한 나름의 안전장치라고 생각하고 부모님께 말씀드렸지만 여전히 완강하게 반대하셨다. 반환 절차가 복잡할뿐더러 바로 돌려받기도 어렵다는 것이다. 내가 내 이름으로 대출 내서 들어가겠다는데…. 많이 억울했지만 이내 경험이 더 많은 부모님 뜻을 따르기로 했다.

   결국 지하철역에서 도보 10분 거리에 있는 10평의 1.5룸 오피스텔을 보증금 2,000만 원에 월세 80만 원으로 계약했다. 방이 따로 있어서인지 평균 관리비는 원룸 오피스텔보다 비싼 20만 원 정도였다. 그렇게 나와 언니 둘이서 주거비로만 한 달에 100만 원을 지출해야 했다. 1년간 집에 들어가는 돈이 1,200만 원이나 되다니…. 전세로 살았다면 1,000만 원은 아꼈을 텐데 마음이 쓰렸다.

하지만 몇 년 뒤, 역시나 전세보다 월세가 낫다는 부모님이 옳았음을 절실히 깨달았다. 만약 지금 처음 자취방을 구해 독립하려는 이들이 있다면 이 점을 꼭 기억해주었으면 한다. 지금부터 나는 전세를 고려하고 있는 당신의 마음을 월세로 돌리려고 한다. 왜 월세가 전세보다 더 나을까? 매달 나가는 돈은 훨씬 많은데 말이다.

① 월세는 '사기'에서 비교적 자유롭다

월셋집을 구해 언니와 함께 행복한 자취 생활을 즐기고 있던 때, 주변 지인이 전세 사기를 당했다는 소식을 들었다. 지인의 지인까지 포함하면 전세 사기를 당한 사람이 내 주변에만 한두 명이 아니었다. 뉴스에서 듣는 소식이 이제는 내 주변에서 일어나고 있었다.

어떻게 전세 사기가 일어나는 걸까? 서울 화곡동에만 빌라를 80채 소유한 채로 사망한 '원조 빌라 왕' 이야기를 뉴스에서 본 적이 있을 것이다. 그의 이름으로 된 빌라만 전국에 1,000채가 넘는다고 한다. 그가 부자라서 이렇게나 많은 빌라를 사들인 걸까? 절대 그렇지 않다. 특히 빌라나 원룸 등의 소형 주택은 자기 돈 한 푼 들이지 않고도 세입자의 전세금을 이용해서 집을 살 수 있다. 예를 들어 매매가가 2억인데 전세가도 2억이면 돈 한 푼 없이 집을 살 수 있는 것이다. 그러나 그런 집주인에게는 세입자에게 전세금을 돌려줄 능력이 전혀 없어 피해는 세입자가 고스란히 떠안게 된다. 내가 멀쩡히 살고 있는 집이 경매에 나오는 기가 막힌 일을 겪을 수 있다는 것이다. 경매에서 집이 낙찰된다면 '선순위 임차인'으로서 전세 보증금을 돌려받을 수도 있지만 경우에 따라 일부만 받거나 아예 받지 못할 수도 있다. 또한 여러 이유로 경매에 나온 집이 계속 유찰(입찰 결과 낙찰이 결정되지 않고 무효로 돌아가는 일)될 가능성도 배제할 수 없다. 그동안 최소 몇천만 원, 크게는 몇억 원의 돈이 묶인 세입자의 마음고생은 이루 말할 수 없을 것이다. 이렇게 되면 세입자들은 전세금을 돌려받지 못하니 그 집에서 나가지도 못하고 울며 겨자 먹기로 계속 거주할 수밖에 없다.

  월세에 살면 어땠을까? 그냥 월세를 내지 않고 조금 더 살다가 나오면 그만이다. 월세 보증금은 전세에 비해서 훨씬 낮은 편이므로 문제가 생기더라도 전세 사기를 당했을 때만큼 치명적인 피해를 입지는 않는다. 또한 소액 임차 보증금은 '최우선 변제금'이라 하여 경매에서 낙찰된 후 근저당(집을 담보로 받는 대출이라고 생각하면 된다) 등 다른 선순위 권리에 상관없이 가장 우선으로 돌려준다. 최우선 변제금은 지역에 따라 금액이 다른데, 서울은 2023년 2월 21일 담보 설정을 기준으로 보증금이 5,500만 원 이하라면 보증금을 돌려받을 수 있다. 최우선 변제금의 대상과 금액은 최초 담보물권(근저당권, 담보가등기, 전세권)이 설정된 시점에 따라 다르니 등기부등본에서 근저당 등의 담보 설정 일자를 확인해야 한다.

전세 사기는 다른 사람 이야기라고? 사기를 당한 사람들 중 사기를 당하고 싶었던 사람도, 사기를 예측한 사람도 단 한 명도 없다. 예상치 못하게 당하니 사기인 것이다.

② 전세 살면 목돈이 묶인다

여기 신도시에서 전세를 살고 있는 A가 있다. 그는 편리한 인프라를 누리며 새집에서 만족스러워하며 살았다. 그러던 어느 날부터 A는 투자에 눈을 뜨게 되었다. 유튜브와 강의를 통해 부동산 공부를 하다 보니 이제는 집을 사고 싶다는 생각이 들었다. 지금 시기에 적당한 집을 사면 실거주하기도 좋고 투자로도 괜찮을 듯했다. 문제는 대부분의 자금이 전세금에 묶여 있다는 데 있었다. 전세 자금을 당장 빼서 투자할 수 없으니 답답했다. 마음이 복잡해진 A는 그냥 전세 기간이 끝나고 다시 생각해보기로 마음먹었다.

전세를 살면서 위와 같은 상황을 맞닥뜨린 이들이 분명 있을 것이다. 내가 가진 돈 대부분을 전세금으로 묶어두게 되면 좋은 기회를 잡기 어려워진다. 심지어 신혼부부는 상대적으로 청약에 당첨될 확률이 높은데, 당장 전세금을 돌려받지 못해 자금을 마련하기 어려울 수도 있다. 투자의 관점에서도 전세는 별로 권장하고 싶지 않다.

③ 전세 살면 눈이 높아진다

무주택자가 전세 살면 안 되는 마지막 이유는 나도 모르게 눈이 엄청나게 높아진다는 데 있다. 월세도 좋은 곳 가면 마찬가지 아니냐고? 그렇게 생각할 수 있지만 월세는 매달 큰 돈이 나가니 현실을 바라보기가 조금은 더 수월하다. 내가 사회 초년생 때 180만 원의 월급 중 매달 60만 원의 주거비를 감당하며 정신을 차렸듯이 말이다.

하지만 월세 대비 이자가 저렴한 전세를 살다 보면 나에게 과분한 집을 '내 수준의 집'으로 착각하기 쉽다. 보통은 전세금이 매매 시세의 50~60% 정도의 가격에 형성되는데, 이 말은 곧 전세를 살게 되면 내 소득 및 자산에 비해 과분한 집에 거주하게 된다는 것과 같다. 예를 들어 시세 5억 원 정도의 집의 전세가가 3억 원이라고 해보자. 대부분의 전세 세입자는 전세자금대출을 받아서 이를 충당한다. 전세자금대출이 80%가 나온다고 가정하면 2억 4천만 원을 대출받을 수 있으니, 6천만 원만 있어도 5억 원짜리 집에 살 수 있게 된다. 당장은 좋은 동네, 좋은 집에 대출 이자만 내며 저렴하게 거주하니 행복하다. 그런데 계약갱신청구권까지 모두 쓴 4년 뒤에는 어떨까? 4년 사이에 내가 5억 원짜리 집을 살 정도의 돈을 모으지 못했다면 또 전세살이를 해야 하는데, 전세가가 크게 올라 있을 가능성을 무시할 수 없다. 특히 서울은 몇 년만 지나도 전세가가 오르는 경우가 많다. 그런데 이미 좋은 집에 익숙해진 나에게는 선택지가 몇 개 없다. 그동안 열심히 모은 돈으로 전세금을 올려주거나, 전세금 올려줄 돈이 없으면 월세로 전환하거나, 아니면 그곳을 떠나는 방법뿐이다. 만약 처음부터 월세를 살겠다고 마음먹었다면 매달 빠져나가는 돈이 아까워서라도 최대한 저렴한 집을 알아봤을 것이다.

자본주의사회는 인플레이션으로부터 자유로울 수 없다. 물가가 오를수록 자산의 가격은 계속해서 상승하는데, 집이라는 자산을 소유하고 있지 못한 세입자는 불리한 상황에 놓이기 쉽다. 전세금은 내 자산으로서 가치가 상승하는 것도 아니고, 심지어 대출을 받아 집주인에게 빌려주는 '빚'이기에 인플레이션이 일어나면 내 자산은 역행하게 되고, 매년 상승하는 전셋값을 감당하지 못하면 나는 더욱 좋지 않은 동네로 밀려날 수밖에 없다.

"저도 전세 살고 싶지 않아요. 집 살 돈이 없어서 전세 사는 거예요…. 돈이 없는데 어떻게 해요?"

누군가는 이렇게 항변할 수도 있다. 그런데 사회 초년생이나 신혼부부가 집을 살 돈이 없는 건 지극히도 정상이고, 전세대출 이자보다 더 저렴한 집에서 월세로 살며 저축하면 된다. 굳이 전세대출이라는 빚을 만들어서 좋은 집에 살 필요가 없다. 나는 경험을 통해 이를 배웠다. 일단 내 돈이 적게 빠져나가는 전세를 희망했던 적도 있었지만, 돌이켜보니 내 자산 상황에 맞는 집에 월세로 거주했던 게 자산을 불리는 데 큰 도움이 되었다. 집값이 저렴한 동네, 작은 집에서 월세를 살다 보면 여기를 탈출하기 위해서라도, 더 좋은 집에 살고 싶어서라도 돈을 더 벌 궁리를 하고 더 빠르게 모으게 된다. 좁고 낡고 인프라 안 좋은 기숙사에서 3년을 살아본 나의 경험이다.

    욕심을 버리면 돈이 모인다. 조금 불편하더라도 월세가 저렴한 곳을 알아보자. 집이 좁고 직장과 멀어져 출퇴근이 불편할 수도 있지만, 불편한 만큼 돈이 모이고 나도 성장한다. 불편하게 몸테크를 하라는 말이 아니라, 내 상황에 맞는 곳에서 시작하라는 의미로 이해했으면 좋겠다. 어차피 어릴 땐 다 조금 부족한 곳에서 산다. 이때 내 상황에 맞는 소비를 하면서 점차 집을 업그레이드하는 재미를 느껴보자. 그렇게 열심히 살던 때가 추억이 되는 날이 조금씩 다가온다.

전세 사기는 현실이다

"골쥐야, 나 어떡해…."

전화를 하는데 친구 목소리에서 떨림이 단번에 느껴졌다. 친구가 살고 있는 전셋집이 경매에 넘어갔다고 했다. 집주인은 빌라만 20채 이상을 갖고 있는 사람으로, 세입자인 친구에게 전세금을 돌려줄 능력이 전혀 없었다고 한다. 여러 부동산에 물어보니 전형적인 전세 사기에 휘말린 것 같다고 했다. 전세 사기 이야기는 뉴스에서나 나오는 줄 알았는데 내 주변에서 이런 일이 일어나다니…. 전세 사기는 흔히 일어나는 현실이었다. 최근 몇 년간 전세 사기가 폭발적으로 늘어나면서 청년들의 고민이 더욱 깊어졌다. 앞서 말한 내 친구는 전세금을 돌려받기까지 1년 가까이 마음고생을 했다. 그나마 친구는 돈을 빨리 받은 편이고, 해결이 제대로 되지 않아 몇 년이나 피 말리는 경험을 하는 사람도 많다.

나는 웬만하면 사기를 당하더라도 금방 빠져나올 수 있는 월세로 살기를 추천하지만, 돈 한 푼이 아쉬운 사회 초년생에게 원룸 전세는 여전히 매력적이다. 이 책을 읽는 독자만큼은 전세 사기를 절대로 당하지 않기를 바라는 마음으로 관련 내용을 정리해보았다. 물론 전세 사기를 100% 피하는 방법은 없지만, 아무런 준비를 하지 않았을 때보다는 조금 더 안심할 수 있을 것이다.

전세 대출 안 된다는 집은 쳐다보지도 마라

설레는 마음으로 첫 자취방을 찾을 때의 기억이 선명하다. 부동산 앱을 한참 들여다보며 어느 집이 나만의 공간이 될지 머릿속에 그려보았다. 처음 독립할 때는 누구나 그런 기분일 것이다. 그런데 다음과 같은 매물을 발견하면 아무리 좋아 보이는 집이어도 절대 쳐다보지 말았으면 한다.

'이 동네에, 이런 컨디션에, 이런 가격이?' 이게 실화인가 싶을 정도로 주변 시세에 비해 너무 저렴해 보이는 매물을 파헤쳐보면 두 가지 경우의 수가 있다. 첫 번째는 허위 매물이다. 부동산에 전화해보면 "아, 그 물건이요? 일단 오세요." 한다. 그런데 직접 가보면 그런 집은 존재하지 않는다. 사진을 실물 대비 지나치게 잘 찍었거나 그냥 이 세상에 존재하지 않는 '미끼 매물'이다.

두 번째는 '전세 대출 불가'라고 적혀 있는 매물이다. 이건 두 가지 경우가 있는데, 첫 번째는 집주인이 해당 집을 매수할 때 대출을 많이 받아서 세입자의 전세 대출이 어려운 경우다. 예를 들어 10억 원짜리 집에 집주인이 받은 대출이 7억 원 이상이라면 집주인은 이 집을 담보로 받을 수 있는 대출 한도를 모두 당겨쓴 상태이다. 이런 집에 전세로 들어가게 되면 무슨 일이 벌어질까? 대출 한도를 꽉꽉 채워서 받은 집주인은 내 전세금도 다른 곳에 쓸 확률이 높으며 전세 만기가 되었을 때 다음 임차인이 들어오지 않는다면 내가 전세금을 돌려받는 데 문제가 생길 수 있다. 그러므로 이렇게 대출이 되지 않는 집은 내가 가진 현금이 충분하더라도 피하는 게 좋다.

그다음으로는 건물의 용도가 근린생활시설(줄여서 '근생'이라고 부른다)이라 전세 대출을 받을 수 없는 경우이다. 근생은 겉보기에는 일반 빌라와 매우 유사하므로 구분하기 쉽지 않다. 그러나 근생은 빌라와 같은 주거 시설과 달리 건축법에서 정한 주택에 포함되지 않으므로 전세 대출 자체가 불가하며 당연히 전세보증보험에도 가입할 수 없다. (일부 근린생활시설은 용도가 주택으로 되어 있을 경우 원칙과 다르게 전세 대출이 가능한 경우도 있다. 하지만 굳이 일반적이지 않은 조건의 집에 들어갈 필요는 없다.) 절대 저렴하다는 이유로 나중에 문제될 만한 일을 만들지 말자.

집에 대한 신분증,
'등기부등본' 보고 안전한 집 찾자

마음에 드는 집을 발견하면 부동산 소장님께 계약 의사를 밝히게 된다. 그럼 바로 계약서에 도장을 찍으면 될까? 성급한 계약은 금물이다. 먼저 내가 전세 계약을 하려는 집에 치명적인 문제는 없는지 등기부등본을 반드시 확인해야 한다. 등기부등본에 대해 처음 들어보았다면 생소하게 느껴질 수 있는데, 알고 나면 그리 어렵지 않다. 등기부등본은 쉽게 말해 '집에 대한 신분증'이라고 생각하면 된다. 여기에는 집에 대한 기본적인 정보와 소유자명, 근저당(대출) 등의 권리관계가 적혀 있다. 대법원 인터넷등기소(iros.go.kr)에서 700원만 내면 누구나 열람할 수 있으니 계약 전에 반드시 확인하길 권한다.

다시 한번 강조하지만, 전세 계약을 하면 내 큰돈을 맡기고 집을 빌려 쓰게 되므로 무엇보다도 안전이 최우선이다. 등기부등본 보는 법은 절대 어렵지 않으니 자기 집 기준으로 등기부등본을 한 부 뽑아서 하나씩 따라가보자. 이 페이지는 접어두고 이사할 때마다 여러 번 읽었으면 좋겠다.

① 등기부등본 표제부

등기부등본은 표제부, 갑구, 을구로 구성되어 있다. 이 중 표제부에는 해당 부동산에 대한 일반적인 현황이 나와 있는데, 상단에 해당 건물의 주소가 적혀 있는 것을 확인할 수 있다. 내가 계약하려는 집의 주소가 맞는지 확인하자. 예시 사진은 시골쥐네 집 등기부등본이다.

표시번호	접 수	건물번호	건물내역	등기원인 및 기타사항
1	20○○년 월 일	제 층 제 호	철근콘크리트구조	

【 표 제 부 】 (전유부분의 건물의 표시)

(대지권의 표시)

표시번호	대지권종류	대지권비율	등기원인 및 기타사항
1	1, 2 소유권대지권	분의	20○○년 월 일 대지권 20○○년 월 일 등기

아파트나 빌라와 같은 집합 건물의 경우 등기부등본에 토지에 관한 사항이 표기되어 있다. 일반적으로는 집주인이 토

지와 건물을 모두 소유하고 있으므로 표제부에도 '소유권 대지권'이라고 적혀 있어야 마땅하다. 그러나 대지권 종류에 임차권, 지상권이라는 말이 적혀 있거나, '소유권 대지권'이라고 되어 있더라도 기타 사항에 '별도 등기 있음'이라는 말이 있다면 위험할 수 있다. 건물주가 건물을 지을 때 받았던 대출을 상환하지 않아서 권리관계에 문제가 생겼을 수도 있기 때문이다. 생소한 단어가 보이면 부동산 소장님께, 부모님께, 그리고 인터넷 검색을 통해 한 번 더 확인하자.

② 등기부등본 갑구

순위번호	등 기 목 적	접 수	등 기 원 인	권리자 및 기타사항
8	소유권이전	2021년 ●●일 제●●●호	2021년 ●●일 매매	소유자 배슈이 951027-******* ●●●●●●●●●●●●● ●●●●●●●●●●●●● 거래가액 ●●●●●●●●

갑구에는 소유권에 대한 사항이 적혀 있다. 이전에 집을 누가 소유했는지 매도·매수 이력을 볼 수 있다. 위의 등기부등본에는 내가 이 집을 매수한 날짜와 권리자인 나의 이름과 주소가 적혀 있음을 확인할 수 있다. 등기부등본 갑구를 볼 때는 계약 시 집주인의 주민등록증과 등기부등본상의 소유자가 일치하는지를 확인해야 한다. 혹시 '등기 목적'에 경매, 압류, 가압류, 가등기, 신탁 등기와 같이 주택에 대한 소유권 제한을 나타내는 용어는 없는지도 꼼꼼히 살펴보자.

③ 등기부등본 을구

【 을   구 】 (소유권 이외의 권리에 관한 사항)

순위번호	등 기 목 적	접 수	등 기 원 인	권리자 및 기타사항

1	근저당권설정	2020년12월15일 제○○○○호	2020년12월15일 설정계약	채권최고액 금 ○○○○○○○원
				채무자 ○○○
				   ○○○○ ○○○○○○○○○○○-○○○○○○○-○○
				근저당권자 주식회사하나은행 110111-0672538
				   서울특별시 중구 을지로 35 (을지로1가)

2	1번근저당권설정등 기말소	2021년○○○일 제○○○○호	2021년○○○일 해지	

3	근저당권설정	2021년○○○일 제○○○○호	2021년○○○일 설정계약	채권최고액 금 ○○○○○○○원
				채무자 백승아
				   ○○○○ ○○○○○○○○○○○-○○○○○○○-○○
				근저당권자 주식회사하나은행 110111-0672538
				   서울특별시 중구 을지로 35 (을지로1가)

4	3번근저당권설정등 기말소	2024년7월31일 제○○○○호	2024년7월30일 해지	

'갑'이 있으면 '을'이 있게 마련이다. 등기부등본 을구에는 소유권 이외의 사항이 적혀 있다. 집주인이 이 부동산을 담보로 은행에서 대출을 받았는지, 즉 근저당을 설정했는지도 을구에서 확인할 수 있다.

'근저당권 말소'라는 말은 대출을 갚았다는 뜻이다. 예시로 든 등기부등본 을구의 순위번호 1번에는 이전 집주인이 대출을 받아서 생겼던 근저당과 관련된 사항이 쓰여 있고, 2번에는 말소, 즉 대출을 상환했다고 되어 있다. 내가 집을 사면서 이전 집주인의 대출이 상환되었으므로 1번의 근저당이 해지되었다. 이어서 내가 이 집을 매수할 때 대출을 받았으므로 3번에 근저당이 새로이 설정되었다.

이렇듯 근저당이라는 중요한 사항을 확인할 수 있으므로 전·월세를 알아볼 때 세입자들은 등기부등본의 을구를 꼼꼼히 살펴보게 된다. 사실 대부분의 집주인은 대출을 받아서 집을 매수하므로 근저당이 없는 집을 찾기는 어렵다. 이때 세입자는 '계약 시 근저당 말소 조건'이라는 특약 사항을 임대차계약서에 넣어 안전하게 계약하는 경우가 대부분인데, 간단히 말해 세입자의 보증금으로 집주인의 대출을 상환하여 근저당을 말소(없애버리는 것)하겠다는 약속이다.

그런데 근저당이 매매 시세 대비 높은 비율로 설정된 집(60% 이상)도 종종 있다. 예를 들어 매매 시세가 2억 원인 집을 담보로 은행에서 1억 원을 대출받았고, 이 집의 전세금은 1억 원이라고 해보자. 집주인은 은행에서 대출받은 돈과 전세금만으로 이 집을 돈 한 푼 들이지 않고 매수할 수 있다. 이런 경우를 '깡통 전세'라고 부르는데, 집주인은 전세 만기가 끝나면 다음 세입자의 돈으로 전세금을 돌려주려고 할 것이다. 그런데 전세 시세가 하락하거나 다음 세입자가 잘 구해지지 않으면 문제가 생길 가능성이 높다. 특히 빌라의 경우 세입자가 매매·전세 시세를 제대로 파악하기 어렵고, 그중에서도 '신축 빌라'는 애초에 전세가가 높게 설정되거나 매매가 또한 파악하기 어려운 경우가 많아 더욱 주의가 필요하다. (사회 초년생이 신축 빌라 전세에 들어가는 선택은 절대 추천하지 않는다.)

정리하면 내가 살고자 하는 전셋집의 등기부등본의 '을구'를 반드시 확인하고, 근저당 비율이 너무 높게 설정되어 있지는 않은지 알아보자. 선택지에 여러 집이 있다면 근저당이 하나도 없는 집을 계약하는 게 최고의 선택이다. (물론 근저당이 하나도 없더라도 전세 사기 위험에서 완벽하게 벗어날 수는 없다.) 계약 시 근저당을 말소하는 조건이라면 특약 사항에 적시하고 계약할 수도 있지만, 특약 사항은 법적으로 효력이 없으므로 이 또한 사기 케이스가 많기에 100% 믿을 수는 없다.

④ 건축물대장

앞서 살펴본 등기부등본이 소유자나 근저당권과 같이 부동산의 권리관계가 적힌 문서라면, 건축물대장은 건축물의 상태 확인을 하기 위한 문서이다. 정부24(gov.kr)에서 건축물대장을 찾아볼 수 있다.

왜 건축물대장을 확인해야 할까? 내가 전세 계약하려는 집이 불법으로 층을 올리거나 방을 만든 것은 아닌지 점검하기 위해서이다. 의외로 겉으로 보아서는 불법 건축물인지 쉽게 알아챌 수 없을 때가 많다. 이러한 경우 건축물대장 가장 상단에 '위반 건축물'이라고 크게 표기되어 있으니 주의하면 된다. 또한 앞에서 언급했던 것처럼 상업 시설인 근린생활시설을 주거 용도로 사용하는 경우도 있다. 애초에 건축물의 용도가 상업 시설로 표기되어 있다면 절대 전세 계약을 하지 않기를 추천한다. 전입신고, 전세 대출, 전세보증보험 가입이 어려울 가능성이 높기 때문이다.

이사하자마자 반드시
세입자가 해야 할 몇 가지 일

무사히 계약을 마치고 이사했다면 이제 맥주 한 캔을 마시며 기쁨을 누리고 싶을 것이다. 하지만 그 전에 이사한 당일 반드시 해두어야만 하는 몇 가지 일이 있다. 내 소중한 권리를 지키기 위해서 하는 일이니 절대 잊어버리지 말자.

① 전입신고를 하자

전입신고란 내가 이사 온 사실을 해당 시, 군, 구에 알리는 행위이다. 잔금을 치른 당일부터 곧바로 관할 주민센터나 정부24에서 진행할 수 있다. 전입신고를 함으로써 '대항력'을 갖게 되는데, 대항력이란 말 그대로 '대항할 수 있는 권리', 즉 집주인이 세입자인 내가 거주하는 상태에서 집을 매도하거나 경매에 넘겨서 새 주인이 생기더라도 나를 내쫓을 수 없는 권리를 말한다.

다만 대항력의 효력은 '신청 후 다음 날 0시부터'라는 맹점이 있다. 혹시나 그 짧은 시간 동안 집주인이 대출을 받아 근저당을 설정할 수도 있는 것이다. 이러한 불상사를 방지하기 위해서는 잔금을 치르기 직전에 반드시 인터넷등기소에 들어가서 해당 주택 등기부등본의 '등기 신청 사건 처리 현황'을 확인하여 내가 모르는 근저당 내역은 없는지 확인해야 한다. 또한 전입신고 이후에도 한 번 더 등기부등본을 떼어보는 것을 잊지 말자.

② 확정일자를 받아두자

확정일자는 건물의 관할 세무서장으로부터 임대차 계약의 완전한 증거력을 인정받은 날짜로, 법률상 인정되는 것이므로 추후 변경할 수 없다. 인터넷등기소 혹은 주민센터에 신고하여 확정일자를 받을 수 있으며, 요즘에는 임대차 계약을 온라인 국토교통부거래관리시스템(rtms.molit.go.kr)에 신고하여 자동으로 확정일자를 부여받는 방법도 있다. 전입신고와 달리 잔금을 치르기 전에도 미리 진행할 수 있으니, 계약서를 작성하자마자 곧바로 확정일자를 부여받도록 하자.

세입자라면 전세금을 지키기 위해 반드시 전입신고를 하고, 확정일자를 받아야 한다. 전입신고를 하여 대항력을 갖추고 확정일자를 받아야만 우선변제권을 얻게 되기 때문인데, 가끔 이 두 가지를 할 수 없다는 집들이 시세 대비 아주 저렴한 가격에 풀옵션 매물로 나온다. 그런데 전입신고를 할 수 없다면 내가 그 집에 거주한다는 사실을 서류상으로 증명할 수 없기에 당연히 확정일자를 받기 어렵다. 이런 집은 전세대출을 받을 수 없고, 전세보증보험도 들 수 없을뿐더러, 월세 세액공제와 같은 기본적인 혜택도 받을 수 없다. 무엇보다도 집이 경매로 넘어가는 등의 문제가 생겼을 때 나의 권리를 적법하게 인정받을 수 없으므로 아무리 저렴하더라도 절대 계약해서는 안 된다. 다시 한번 강조한다. '절대' 계약해서는 안 된다.

③ (일부 경우) 전세권을 설정한다

전세권을 설정한다는 말은 등기부등본상에서 내가 해당 주택의 전세에 대한 권리를 가지고 있음을 표시해놓는 행위를 가리킨다. 전입신고나 확정일자는 집주인의 동의 없이 진행할 수 있지만, 전세권을 설정하려면 협의가 필요하고 법무 수수료를 포함한 비용 또한 수십만 원이 발생하기도 한다.

전입신고를 하고 확정일자를 받았다면 전세권 설정이 필수 사항은 아니다. 다만 이 두 가지가 불가능한 집을 꼭 계약하고 싶다면 전세권 설정이라도 반드시 해두어야 한다. 그럼 살고 있는 집이 경매로 넘겨진다고 해도 법적으로 전세금을 보호받을 수 있다. 다만 전세권을 설정하는 절차 자체가 번거롭다는 점은 알아두어야 한다. 또한 나보다 앞선 권리자가 있다면 전세금 전부를 돌려받지 못할 수도 있고, '빌라 원룸'처럼 수요가 크지 않은 집이라 경매에서 계속 유찰된다면 결국 내가 전세금을 돌려받을 길이 없어진다. 전세권 설정이 만병통치약은 아니라는 점을 반드시 기억하고, 근저당 비율이 높은 집이나 전입신고, 확정일자가 불가능한 집은 애초부터 계약하지 않는 편이 좋다.

④ 계약 시에 특약 사항을 넣자

전·월세 계약에서 '특약'이란 임대인과 임차인이 계약서에 추가로 작성하여 넣는 조항을 말한다. 부동산 소장님과 미리 상의하여 다음의 특약 사항을 계약서에 넣도록 하자. 단, 특약에 적어두었다고 해서 법적으로 100퍼센트 보장받을 수 있는 건 아니라는 점을 다시 한번 유념하자.

잔금 지급일 익일까지 해당 부동산에 1순위로 본 임차인이 전입신고, 확정일자를 진행하며, 임대인은 임차인이 전세보증보험에 가입하는 것에 동의하며 적극 협조한다. 또한 잔금 지급일 익일까지 임대인은 근저당 및 전세권 등 새로운 권리를 발생시키지 않는다.

위의 특약 사항은 세입자가 이 집의 1순위가 되겠다는 의미이다. 무리한 요구가 전혀 아니니 자신의 권리는 스스로 챙기도록 하자. 다만 부동산 거래도 결국 사람 사이의 거래이므로 예의를 갖추는 편이 좋다. 예를 들어 "전세권 설정해주세요" 하고 본론만 말하는 대신에 "요즘 전세 사기가 너무 기승을 부려서 걱정이 됩니다. 그럴 일은 없겠지만 계약서에 이런 조항을 넣을 수 있을까요?" 하고 부드럽게 부탁하는 것이다. 또한 계약 당일에 특약 사항을 이야기하기보다 계약 전, 미리 부동산 소장님과 상의하고 관련 내용을 문자로 남겨두어야 한다. 계약 당일에 얘기해야지 했다가 까먹는 경우도 많고, 막상 당일에 집주인 눈치가 보여 제대로 말을 못하는 경우도 많다.

이 외에도 전세 계약을 할 때 신경 써야 할 일은 한두 가지가 아니다. 나와 연락하는 부동산 소장님, 즉 공인중개사의 이름과 계약서상 이름, 부동산 내에 비치된 공인중개사 등록증 내의 이름이 모두 일치하는지 확인해보고, '중개보조원'이 아닌 '공인중개사'와 계약 제반 업무를 진행하고 있는지도 알아보자. 그런가 하면 집의 소유자가 개인이 아니라 '신탁사'일 때도 전세 계약을 맺지 말기를 권한다. 부동산에서는 계약을 성사시키기 위해 이런저런 말을 하며 괜찮다고 할 수 있지만, 굳이 문제 될 만한 집에 들어갈 이유는 없다. 이처럼 큰돈이 오고 가는 전세 계약일수록 확인할 일이 매우 많지만, 사실상 전세 사기를 완전히 막을 방법은 존재하지 않는다. 내가 웬만해서는 전세를 추천하지 않는 이유이기도 하다. 그럼에도 불구하고 전세 계약을 해야 한다면 근저당 비율이 50%를 넘어서는 집은 반드시 피하고, 전입신고 및 보증보험 가입이 되지 않는 집도 무조건 피했으면 좋겠다.

빌라 전세 사기를 당했던 내 친구는 사건이 해결된 뒤에 비로소 부동산에 관심을 갖게 되었다고 했다. 복잡한 경매에 대해 알아가며 '아는 게 힘'이라는 결론을 내렸다고 말해주었는데, 그 이후로 부동산 스터디까지 하면서 얼마 전 '내 집 마련'에 성공했다고 한다. 정말로 아는 것이 힘이다. 나중에 문제가 생긴 뒤에 몰라서 당했다고 항변해도 아무 소용이 없다. 내 피 같은 전세금을 지키기 위해서라도 계약을 하기 전에 하나하나 꼼꼼히 따져보아야 한다.

'내 집'이 있어야 한다는
사실을 깨닫다

"우리 네 가족, 광교에서 같이 살까?"

나와 언니가 광교로 올라오고 1년쯤 지났을 때의 일이다. 부모님이 가끔 올라오셔서 함께 시간을 보내곤 했는데 그날도 그런 날이었다. 호수 공원 근처에서 맛있는 밥을 먹고 선선한 바람을 맞으면서 산책을 하는데 아빠가 갑자기 이런 말씀을 꺼내시는 게 아닌가. 처음엔 그냥 지나가는 이야기인 줄 알았다. 그런데 아빠는 사뭇 진지했다. 한창 공사 중인 아파트를 콕 집으며 저기를 한번 알아본다고 하셨다.

"광교가 살기 참 좋네. 앞으로 더 좋아질 것 같고."

"아빠, 진심이야? 살고 있는 집 정리해서 올라오려고?"

부모님은 오전에 근처 부동산에도 다녀오셨다고 했다. 널

찍한 집에서 부모님과 함께 살면 어떨까 잠시 그려봤지만 언니가 복병(?)이었다.

"나 내년에 결혼할 건데? 셋이 살아~."

"진짜? 우리랑 안 살고?"

"응. 결혼한다니까."

"그래? 그럼 뭐…."

아빠는 언니의 예기치 못한 결혼 소식에 매수 의지를 잃었다. 부모님의 고향은 지방이고, 수도권에 연고가 딱히 없는데다가 이미 은퇴하셨으니 우리와 함께 살 수 없다면 여기로 올라올 이유가 없었다. 그렇게 그 일은 없던 게 되었다. 나는 아빠가 매수하고 싶다고 하셨던 아파트를 다시 한번 쳐다보았다. 저 아파트는 다 지어지면 어떤 모습일까. 살기 좋은 아파트가 될까. 언젠가 나도 저런 곳에 살 수 있을까….

그리고 몇 년 뒤, 그 집을 진작 샀어야 한다는 후회에 사로잡혔다.

불행은 예고 없이 불쑥 찾아온다

그로부터 1년 뒤의 일이다. 어느 날 회사에서 일을 하고 있는데 엄마에게 전화가 왔다. 그렇게 건강했던 아빠가 위암이란다. 소화가 잘 안 되는 것 같아 지방의 여러 병원을 돌았는데 모두 정상이라고 했단다. 결국 아빠는 큰 병원까지 갔다가 뜻밖에 위암 판정을 받았다고…. 나는 너무 놀라서 아무 말도 하지 못했다. 암은 다른 사람들 이야기인 줄만 알았기 때문이다. 아빠는 평소 마라톤도 뛰실 정도로 운동을 좋아하시는 데다가 건강한 음식만 드시는데…. 금방이라도 울음이 터질 것 같았지만 정신을 붙잡기로 했다. 운다고 해결되는 일은 없으니까.

"골쥐야, 일단 우리는 서울로 올라가서 검진을 더 받아봐야 할 것 같아…. 이사를 하는 게 좋을 것 같기도 하고."
"엄마, 너무 걱정하지 마. 내가 얼른 방법을 찾아볼게."
엄마를 안심시킨 후 곧바로 언니와 의논했다. 일단, 네 가족이 함께 살기에 우리 자취방은 너무 작아서 조금 더 큰 집으로 다 같이 이사하는 게 좋을 듯했다. 익숙한 광교에서 전셋집을 알아보는데, 마침 한 아파트가 입주를 시작해서 시세 대비 저렴한 전세 매물이 많았다. 막 지어진 신축 아파트라 전세를 놓는 집주인이 많아서 가격이 눌려 있는 모양이었다. 내가 모은 돈에 지방 부모님 집을 전세 놓은 자금까지 더하면 얼추 전세금을 마련할 수 있을 것 같았다. 그렇게 우리는 신도시의 39평 새 아파트에 시세 대비 월등히 싼 가격으로 입주했다. 부모님이 머물 곳이 정해지고 온 가족이 함께 사니 그제야 마음이 놓였다. 이때 처음으로 집이 주는 안정감이 정말 크다는 사실을 깨닫게 되었다.

그런데 무슨 운명의 장난인가. 사실 우리가 입주한 신축 아파트는 1년 전, 아빠가 매수하려고 부동산에 다녀오기까지 했던 바로 그 아파트였다. 엄청난 상승장도 아니었는데 그사이 집값이 5억 원이나 올라서 이제는 매수는 꿈도 꿀 수 없었다. 분명 1년 전에는 조금만 무리하면 살 수 있었는데…. 지금은 오르지 못할 나무가 되어 세입자로 살 수밖에 없었다.

매수할 수 있었던 집에
전세를 살게 되다

1년 전이면 살 수 있던 집에 1년 뒤에 전세로 들어올 수밖에 없던 사연을 정리하면 이러했다. 1년 전에는 부모님이 소유한 지방의 집을 팔면 약간의 대출을 더해 광교의 공사 중인 아파트를 살 수 있었다. 그런데 1년 뒤에 아파트가 완공되고 나서는 가격이 훌쩍 뛰었고 이제는 부모님 돈으로는 매수하기 역부족이었다. 수도권의 집값은 기세가 붙으면 무섭게 높아졌고, 그냥 1년 전에 집을 사는 게 나을 뻔했다는 후회가 밀려왔다. 그나마 부모님이 지방에라도 집을 한 채 갖고 있으서서 다행이었는데, 만약 무주택자였으면 계속해서 외곽으로 밀려났을 수도 있겠다는 생각이 들었다. 그럼 광교 아파트에 전세로 살기조차 힘들었을지도 모른다. '집'은 필요한 거구나. 나는 그때 직감했다.

 물론 이런 상념에 오래 빠져 있을 수는 없었다. 나는 가족을 챙겨야 했다. 일단 아빠가 치료를 잘 받고 건강을 회복하셔야 했는데, 설상가상으로 엄마도 갱년기가 겹쳐 우울증을 앓았다. 매일 밤 엄마는 악몽에 비명을 지르며 잠에서 깼는데, 우리 가족은 엄마의 비명 소리에 잠을 못 이루곤 했다. 분명 평온한 가족이었는데…. 암 하나 때문에 가족이 무너지고 있었다. 언니도 일이 잘 풀리지 않았다. 대학을 졸업하고 나서 연봉과 복지가 좋은 직장에 입사해 온 가족이 기뻐했는데, 알고 보니 직장 내 문제로 속앓이를 하고 있었다. 그렇게 힘들면 그만두라고 말하려다가도 입이 다물어졌다. 그럼 우리네 가족 중 돈을 버는 사람이 나 하나뿐이기 때문이다. 언니를 그토록 아끼는 아빠는 언니의 회사 이야기를 듣자마자 당장 퇴사하라고 했지만, 우리 가족이 처한 상황 때문에 언니는 차마 퇴사하지 못하고 오랜 시간 끙끙 앓았던 것 같다.

 결국 언니는 버티다 못해 일을 그만두었다. 나는 당분간 혼자서 가족을 부양하기로 마음먹었다. 그때까지 전혀 그려본 적 없는 삶이었다. 그동안 나는 내가 잘나서 회사생활과 대학 공부를 병행하고 해외 교환 학생까지 꿈꿀 수 있는 줄 알았다. 그런데 그게 아니었다. 내가 나 하나만 책임지면 그만이니 가능한 일들이었다. 내가 아무리 유능해도 가족 중에 아픈 사람이 있거나 부양가족이 생기면 삶에 제약이 생길 수밖에 없었다. 예측할 수 없는 일로 한순간에 가족이 무너질 수도 있었다. 그제야 "노력하지 않아서 그렇게 사는 거지!"와 같은 시선은 매우 폭력적이라는 생각을 하게 되었다.

붙잡지 않아도 시간은 저절로 흐른다. 아니, 시간이 빠르게 흘렀으면 했다. 부모님이 광교로 오신 지도 어느덧 2년이 지났다. 다행히 아빠의 수술은 성공적이었고 이후 항암 치료도 잘 버텨내시면서 매일 산책을 하실 수 있을 만큼 건강을 회복했다. 엄마도 결국엔 병원에 다니면서 안정을 찾으셨고, 언니도 더욱 좋은 직장을 구하게 되었으며, 나도 대학 졸업만을 남겨두고 있었다. 한때 어두운 터널을 걷는 듯했는데 어느덧 시간이 모든 걸 해결해주었다. 이제는 더 이상 온 가족이 집값 비싼 광교에 살 이유가 없었다. 아빠는 반년에 한 번씩 정기 검진을 받으면 되었고, 언니는 다른 지역에서 근무하게 되었기 때문이다. 마침 신축 아파트 전세 만기 시점이 돌아오며 2년 만에 우리 가족은 뿔뿔이 흩어졌다.

좋은 동네 좋은 아파트에
전세 살며 느낀 삶의 진실

다시 내 삶에 여유가 생기니 광교에서의 지난 시간을 돌아보게 되었다. 잘 버틴 나에게 스스로 뿌듯한 마음도 들었지만 아쉬움도 있었다. '그 집을 그때 샀으면 어땠을까?' 하는 후회이다. 2년 동안 우리가 전세를 살던 신축 아파트의 집값은 또 2배가 올랐고 전세도 우리가 들어갔던 전세가보다 3억 원이나 더 올랐다. 한때 집값이 크게 올랐다가 떨어졌다지만 지금 그 아파트의 집값은 전고점에 거의 근접했다. 만약 우리가 여기 몇 년 더 살아야 했다면 어땠을까? 전세금을 3억 원이나 더 올려주고 살거나(그때는 임대료 상향을 최대 5%로 제한할 수 있는 계약갱신청구권이 없었다), 외곽으로 밀려날 수밖에 없었을 것이다. 그런데 우리에게는 외곽으로 밀려나는 후자의 선택지밖에 없었을 것 같다.

단순히 집으로 돈을 벌지 못했다는 얕은 후회가 아니었다. 나는 일시적이나마 가족을 부양하는 경험을 하면서 경제적인 고민을 해보게 되었고, 그 과정에서 '자산'의 소유가 얼마나 중요한지를 깨닫게 되었다. 어려운 일에 부딪혔을 때 든든한 자산이 있으면 한숨 돌리고 문제를 해결하는 데 집중할 수 있다. 특히, 수도권 선호 지역의 좋은 아파트는 그런 역할을 충분히 해낼 수 있다. 그런 집은 살고 싶어 하는 사람들의 수요가 많으므로 자산 가치가 지속적으로 상승할 확률이 높기 때문이다. 나는 몇 년 동안 이를 몸소 체험하며 부동산 공부는 선택이 아니라 필수라는 확신이 들었다.

부동산 공부를 시작하고 싶다면

'부동산'이라는 말 뒤에는 으레 '투자'라는 단어가 붙는다. 그런데 나는 여러 사건을 겪으며 투자가 아니라 안정된 가정을 지키기 위해서라도 내 집 한 채는 필수로 갖고 있어야 한다는 사실을 깨달았다. 삼십 대만 되어도 주거 및 가정 문제들을 맞닥뜨리며 집을 사려는 이들이 많은데, 상대적으로 경험과 돈이 부족한 이십 대는 이러한 마음을 먹기가 쉽지 않다. 하지만 관심을 하루라도 빨리 가질수록 저렴한 가격에 좋은 집을 구할 수 있는 확률이 늘어난다.

도대체 어떻게 부동산을 공부해야 하는지 알고 싶다면, 나의 경험을 참고해도 좋다. 자취방을 구한 것 외에 부동산에 무지했던 나는 서점으로 달려가 부동산 관련 책을 수십 권 샀다. 책을 고른 기준은 주식 공부를 했던 때와 같았다. 서점의 경제·경영 분야 베스트셀러 1위부터 15위 중 부동산 관련한 책들이었다. 그리고 경제, 특히 부동산 관련 유튜브 채널 수십 개의 구독 버튼을 눌렀다. 그렇게 몇 년 전만 해도 월세 45만 원에 덜덜 떨던 시골쥐는 어느새 엑셀을 열고 우리 동네 아파트의 시세, 실거래가, 장점을 정리하고 있었다. 또한 내가 살고 싶은 아파트는 어디인지, 돈이 얼마나 필요한지를 계산해보았는데⋯ 역시나 10억은 우습게 넘어가는 광교는 택도 없었다. 회사 근처와 내가 아는 동네의 아파트들도 함께 조사해보았는데 그제야 접근할 만한 집들이 눈에 보이기 시작했다. 부동산 공부를 한 지 얼마 되지 않은 내가 봐도 인프라, 교통, 학군, 일자리 등 모든 게 좋은 곳의 집값이 가장 높았으며, 일자리가 많아도 인프라가 별로이면 그보다는 낮았다. 한마디로 가격이 모든 것을 반영하고 있었다. 모든 면이 훌륭한 집을 갖고 싶었지만⋯ 내 눈이 너무나 높은지 만 7년이나 돈을 모았어도 예산이 턱없이 부족했다.

하지만 부동산 공부가 의미가 없던 것은 아니다. 책도 읽고 유튜브를 보고 엑셀에 관심 단지를 정리하며 비로소 내 수준으로 갈 수 있는 곳은 어디이고 자금은 얼마가 필요한지 깨닫게 되었기 때문이다. 이를 바탕으로 본격적으로 부동산 매수 계획을 세울 수 있었다.

혹여나 조만간 집을 구할 계획이라면 내 경험을 절대 잊지 않았으면 한다. 좋은 동네의 좋은 아파트에 저렴한 가격으로 전세를 살게 되면 2년, 최대 4년은 행복할 것이다. 그러나 그 시간이 지나면 대가를 치르게 될지도 모른다. 일단 큰돈이 묶였기에 다른 상승하는 자산을 갖지 못했을 가능성이 크다. 또한 수요가 많은 지역은 집값이 매년 오르는 반면 근로 소득은 상승에 한계가 있으므로 나중에는 결국 외곽으로 밀려날 수밖에 없다. 웬만한 근로소득은 자산 가격의 상승을 따라잡을 수 없다. 나는 이러한 일을 겪으며 얼른 돈을 모아서 '상승하는 자산'을 사야겠다고 마음먹게 되었다. 그렇게 돈을 더욱 저축하고, 투자하고, 불리며 미래를 준비해나갔다.

시골쥐, 드디어
도시에 내 집을 마련하다

내 나이 스물일곱, 작지만 내 집을 마련하게 되었다. 상경하여 열심히 회사생활을 한 지 어느덧 8년 차였다. 더 이상 월세로 떠돌 필요가 없는 나만의 보금자리가 생긴 것이다. 잔금을 치르던 날의 기억이 아직도 생생하다. 지금까지 모은 돈을 매도자에게 보내는데, 혹시 잘못 보낼까 봐 계좌번호를 몇 번이나 확인했다. 그날 밤 술도 잘 못하면서 괜히 맥주 한 캔을 홀짝이며 나를 격려했다.

"골쥐야, 넌 최고야!!!"

주식과는 달리 부동산 투자는 접근이 쉽지 않다고 생각하는 사람이 많다. 일단 주식과 비교할 수 없을 정도로 목돈이 들어가기 때문이고 당장 어른들의 일인 것 같아서 두렵기 때문이다. 그래서인지 내가 집을 샀다고 하면 금수저라고 오해하는 이들이 있다. 하지만 지금까지 나의 글을 읽었다면 절대 그렇지는 않다는 사실을 알고 있을 것이다. 내 집 마련 혹은 부동산 투자를 고려하는 분들이 있다면, 평범한 골쥐의 보금자리 매수기를 읽으며 어떻게 '시작'할 것인지 한번 고민해 보았으면 한다.

돈에 시간이 곱해지면
내 집 마련이 가능하다

'이번 생은 망했어. 집값이 너무 빨리 오르잖아.'

이렇게 부동산에 대해 막연하게 생각하는 이들이 많다. 나 또한 7년 모은 돈으로도 광교 아파트는 거들떠볼 수 없었기에 그 마음을 이해한다. 하지만 이런 생각에 젖어 있으면 몇 년이 지나도 내 집 마련을 하기 어려울 것이다. 패배감과 상실감을 접어두고 내 집 마련을 위한 큰 그림을 그려보자. 가장 먼저 무엇부터 해야 할까? 나는 가진 돈을 명확하게 파악하는 일부터 해야 한다고 강조하고 싶다. 이것이 교통이 좋고, 일자리가 많고, 앞으로 많이 오를 동네를 알아보는 것보다 우선이다. 입지 좋은 곳 알아내는 법을 알았다 한들 예산이 부족하면 어차피 집을 살 수 없는데 눈만 높아지게 된다.

그러다 '이번 생은 망했다'는 식의 현실 부정에 이르기 십상이다.

  집을 사겠다고 마음먹은 날, 나는 엑셀 시트에 주식, 예·적금, 현금, 연금 등 내 돈이 일하고 있는 곳들을 정리해보았다. 이때 금융결제원에서 운영하는 '계좌정보통합관리서비스(payinfo.or.kr)'를 통해 휴면 계좌들까지 찾아볼 수 있었다. 그렇게 7년 동안 모은 돈이 자그마치 2억 원이나 되었다. 여기서 다시 한번 강조하고 싶다. 웬만한 고연봉이 아니고서야 월급만 모아서는 7년 동안 2억 원을 모으기는 불가능하다는 사실이다. 나도 월 180만 원으로 시작했기에 아무리 절약을 하고 저축해도 그 돈을 모으기는 어려웠다. 하지만 하루빨리 돈에 눈을 떠서 더 벌거나 투자로 불린다면 그 이상도 가능하다고 생각한다. 종잣돈 5,000만 원으로 10%의 수익을 내면 500만 원을 벌게 되지만, 2억 원일 때 10%의 수익을 내면 무려 2,000만 원이다. 종잣돈이 커질수록, 투자 기간이 늘어날수록 돈이 모이는 속도는 더욱 빨라진다.

  물론 이렇게 열심히 모으고 불렸는데도 내가 원했던 광교 아파트를 매수할 수는 없었다. 그래도 내 수준에 맞는 집은 분명히 있었고, 나는 내 수준에 맞는 집을 샀다. 맨 처음 사회생활을 시작했을 때만 해도 부동산은 어른들의 이야기 같았는데 어느덧 내가 집을 마련했다는 사실이 참 신기했다. 내가 특별한 사람이라 가능한 일이었을까? 아니다. 나는 정말 평범한 8년 차 직장인이었을 뿐이다. 돈에 시간이 곱해지니 목돈을 마련하고 내 집 마련까지 할 수 있었다.

집을 사기 전에
집을 사는 목적부터 정하자

내가 가진 돈의 크기를 알았다면 그다음에는 집을 사는 목적을 생각해보아야 한다. 집을 산다고 하면 '실거주'부터 떠올리기 쉽지만, 전세를 끼고 사는 소위 '갭투자'도 있다. 전자는 투자라기보다는 당장 실거주할 목적, 후자는 이후에 집값이 오르길 기대하는 투자 목적이 강하다. 둘 중 어느 쪽을 선택할 것인가? 각각의 투자에는 장단점이 있다.

먼저 내가 실거주할 집을 매수한다고 가정해보자. 내 집 마련으로 인해 더욱 안정된 삶을 영위할 수 있다는 큰 장점이 있다. 그런데 이때는 갭투자를 할 때보다 상대적으로 더 많은 돈이 필요하다. 일반적으로 부동산을 살 때는 내가 가진 돈에 대출을 더해서 매수하게 되는데, 대출은 소득에 비례해서 나온다. 즉, 소득이 낮을수록 대출 가능 금액이 적어지므로 좋은 집을 매수하기는 상대적으로 어렵다. 또한 일단 내가 산 집에 실거주하게 되면 다달이 원금과 이자를 갚아야 하므로 다른 투자를 하기도 쉽지 않다.

많은 부동산 전문가가 젊은 시절에 자산을 불리기 위해 '갭투자'처럼 전세 레버리지를 활용하는 투자를 고려해보라고 강조한다. 그럼 실거주할 때보다 적은 돈으로 더 큰 수익을 낼 수도 있기 때문이다. 예를 들어, 8억 원의 집에 6억 원의 전세를 놓은 매물이라면 2억 원만 주고도 해당 집의 소유자가 될 수 있다. (평범한 연봉을 받는 직장인이 6억을 대출받아서 실거주하기는 어렵다.) 실거주할 때보다 상대적으로 더 적은 금액으로 더욱 좋은 집을 매수할 수 있는 셈인데, 이 집의 가격 상승분만큼 내 수익률은 엄청나게 높아진다. 물론 갭투자를 한다고 집값이 반드시 상승하지는 않으며, 각 물건의 가치와 부동산 경기에 따라 수익은 천차만별로 달라진다는 점을 기억해야 한다. 오히려 하락장이 오면 전 재산을 날릴 만큼의 큰 위험 부담이 있다. 또한 내 집을 남에게 전세로 내주는 것이기에 그동안 나는 거주할 다른 집을 알아보아야 한다는 부담이 따른다. 미혼이고 부모님이 같은 지역에 거주한다면 부모님 집에서 신세를 질 수도 있지만, 기혼이거나 나 같은 시골쥐는 택도 없다. 유주택자는 전세 대출을 받기도 어렵기에 월세로 살아야 하는데 이 점이 생각보다 더 번거롭다.

나는 투자를 하려면 갭투자를 해야 한다는 말을 귀가 아프도록 들었음에도, 8년간의 떠돌이 생활에 지쳐서 실거주할 집을 사기로 결정했다. 그리고 나름의 기준을 정해 '내가 살 수 있는 최고의 물건'을 사고자 노력했다. 나의 기준은 다음과 같았다.

'주변에 일자리가 많아서 사람들의 수요가 많고, 인프라가 좋고, 교통이 편리한 지역의 괜찮은 물건.'

먼저 네이버 부동산 같은 앱을 활용하여 손품을 팔았고, 그중 관심 있는 단지들과 주변 부동산에 방문하며 직접 발품을 팔았다. 꾸준히 손품 및 발품을 몇 달 동안 판 결과, 마침내 시세보다 4,000만 원 저렴한 '급매'를 잡을 수 있었다. 그렇게 나는 2년간 내가 선택한 곳에서 실거주를 하며 엄청난 삶의 만족도를 얻었고, 매달 나가던 월세 또한 줄일 수 있었다.

부동산 투자에 대해 공부하면서 알게 된 사실이지만 전세 레버리지 투자가 어느 때나 유리하지는 않다. 집값 상승에는 생각보다 많은 요인이 복잡하게 관여하고 있다. 당장 네이버 부동산이나 호갱노노 같은 앱을 통해 살펴보면 4년 전 한창 집값이 오를 때의 고점을 아직도 회복하지 못한 집들이 많다. 만약 4년 전에 그런 집에 갭투자를 해놓았다면 여전히 수익은 마이너스일 테다. 심지어 전세가가 낮아지는 '역전세'가 난 곳도 있었다. 어떤 투자든 잘하는 것이 중요하며 방식이 우선은 아니다.

실거주 집을 살 때는 대출을 따져보아야 한다

실거주할 집을 살 때는 내가 대출을 얼마까지 받을 수 있는지도 확인해야 한다. '누군가 알려주겠지' 하고 두 손 놓기 쉬운데, 이런 건 부동산 소장님이 하나하나 알아봐주지도 않는다. 내가 직접 대출 가능액을 계산해보고 은행에 방문해 확인해야 한다.

대출은 LTV와 DSR(Debt Service Ratio, 총부채원리금상환비율) 등의 규제를 받는다. 이 중 LTV는 은행에 담보로 제공되는 주택의 가치 대비 대출액의 비율을 의미한다. 예를 들어 내가 6억 원짜리 집을 매수하고 싶은데 LTV가 70%라면 4억 2,000만 원의 대출을 받을 수 있다는 뜻이다. 네이버 등의 검색창에 'LTV 계산기'를 검색하면 보다 쉽게 알아볼 수 있다. 그런데 실제 대출을 받을 때는 LTV뿐만 아니라 나의 소득 수준에 따라 대출 금액이 정해지는 DSR 규제도 영향을 미치게 된다. DSR이란 주택 구입자의 연간 소득에 비해 모든 원리금 상환액이 몇 퍼센트를 차지하는지에 따라 대출 상한선을 정하는 규제를 말한다. 총 대출 금액이 1억 원이 넘으면 DSR 규제를 받게 되는데, 매년 갚아야 하는 원금과 이자가 내 소득의 40%를 넘을 수 없도록 제한된다. (정부 규제에 따라 LTV와 DSR 비율은 매번 달라질 수 있다.) 이때 학자금 대출이나 자동차 대출, 신용 대출, 마이너스 통장, 신용카드 사용액 등이 모두 원리금 상환액에 포함될 수 있으므로 꼼꼼히 계산해보아야 한다. DSR 역시 인터넷 계산기를 통해 더욱 쉽게 확인할 수 있다. 예를 들어, 연 소득 5,000만 원인 사람이 2억 5,000만 원을 4% 금리에 30년 만기로 대출받는다고 해보자. 네이버에서 DSR 계산기를 돌려보면 DSR은 28.64%이고 1년에 내야 하는 원리금은 약 1,432만 원으로, 한 달에 약 120만 원을 원리금으로 갚게 된다. 매달 원리금을 내고 나면 월급이 빠듯할 수 있으니 내가 감당할 수 있는 선에서 대출을 받아야 한다. 갑자기 소득이 줄어들거나 혹은 지출이 늘어나는 상황도 고려해야 하기 때문이다. 내가 추천하는 DSR 비율은 30% 이내이다.

신기하게도 집을 사려고 마음먹으면 눈이 점점 높아지는 경험을 하게 된다. 더 좋은 집을 사고 싶어서 대출 한도를 꽉 꽉 채우기 쉬운데, 나는 DSR 30%라는 나의 원칙을 지켰다.

무리하지 않는 한도 내에서 집을 샀더니 매달 원리금 때문에 스트레스를 받지 않으면서도 실거주의 행복을 누릴 수 있었다. 삶의 여유가 생겨서인지 점점 수입이 늘어났고 더 많은 돈을 저축하게 되었다. 물론 대출에 정답은 없다. 내 소득이 매년 눈에 띄게 늘고 있다면 40%까지 DSR 한도를 꽉 채워서 대출을 받아도 상관없다. 다만 내 연 소득이 매년 비슷한 수준일 것 같다면 무리한 대출은 절대 금물이다. 하락장이 오면 파산에 이를 수도 있다.

도대체 집은 언제 사야 하는가

집을 매수하고 나니 부동산에 더 많은 관심이 생겼다. 그동안 강의도 들어보고 시장을 지켜보며 '집을 언제 사는 게 좋을까'에 관한 나만의 기준을 조금씩 세우게 되었다. 나는 뉴스에서 폭등을 이야기하고 모두가 집을 사야 한다고 말할 때는 오히려 매수 타이밍이 아니라고 생각한다. 금리가 오르고 매수 심리가 얼어붙을 때, '누가 도대체 지금 집을 사냐' 하고 회의적일 때가 오히려 집을 살 때인지도 모른다. 이때는 집값이 낮아진 상태인 데다가 매수자 우위 시장이라 가격까지도 어느 정도 조정해볼 수 있기 때문이다. 아마 사회생활을 어느 정도 했다면 이 정도는 다 알고 있을 것이다. 하지만 막상 하락장이 닥치면 더 떨어질 것 같아서 쉽게 매수하지 못하는 게 현실이다. 나도 그랬던 적이 있었으니까.

나는 올해 결혼을 하면서 남편과 합친 자산으로 '부동산 갈아타기'를 시도하려고 했다. 다들 부동산에 크게 관심이 없었던 올해 초부터 살 만한 지역의 부동산을 방문하고 지역을 살펴보는 '임장 데이트'를 했는데, 그때는 집을 매도하려는 분들이 집값을 조금이라도 더 깎아주려고 했다. 마음 같아서는 재빨리 매수하고 싶었지만… 현금이 이곳저곳에 묶여 있다 보니 당장 쓸 수 있는 돈이 부족했기에 가을쯤 갈아타기를 해야겠다고 마음을 먹었다. 그런데 몇 달 사이 집값이 다시 올라버렸고 뉴스에서는 '폭등'을 이야기하기 시작했다. 우리가 봤던 집은 그사이 2억 원이나 올랐다. 너무 아쉬웠지만 지금은 갈아타기를 할 때가 아니라는 결론을 내리고 다음 기회를 잡기로 약속했다.

우리 부부는 계속해서 부동산에 관심을 가지며 지금처럼 임장 데이트를 다니고 관심 있는 부동산 물건의 시세도 주기적으로 확인해보기로 했다. 부동산 투자는 벼락치기로 승부를 보는 종목이 아니고, 집값 상승과 하락의 사이클은 계속 돌게 마련이다. 큰돈이 들어가는 투자인 만큼 미리미리 준비하자.

몇 년 전만 해도 나는 오르는 집값을 보며 얼른 매수해야겠다고, 지금 사지 않으면 평생 못 살 것 같다며 조급해했다. 하지만 삼십 대를 앞두고 돌이켜보니 그럴 필요는 없었다. 인생은 길고, 할 일은 많다. 젊은 나이에는 불필요한 지출을 줄이고, 월급을 차곡차곡 모으는 일부터 시작해야 한다. 동시에 천천히 투자를 공부하면 기회는 언젠가 다가온다. 그러는 동안 좋은 배우자를 만난다면 두 사람의 힘을 합쳐 더욱 좋은 집을 구할 수도 있다.

이십 대의 나는 집으로 돈을 왕창 벌지는 못했지만, 내 명의의 집에서 안정적으로 살면서 좋은 배우자를 만났다. 그러자 마음에 안정이 찾아왔으며 소득도 더 늘어나기 시작했다. 이뿐일까? 투기와 실패로 가득했던 내가 그간 쌓인 재테크 경험으로 투자 성과 또한 더욱 좋아지기 시작했다. 너무 조급하게 생각하지 않아도 된다. 성실하게 살다 보면 인생에 기회는 또다시 찾아온다는 사실을 나는 몸소 깨달았다.

4장

시골쥐,
인생의 운전대를 잡다

진짜 어른이 되고 싶은 이들을 위하여

인생에는
'돈을 모으는 시기'가 있다

올해 나는 혼자 살던 작은 집에서 신혼생활을 시작했다. 신도시에 위치한 집이라 처음에는 생활에 불편함도 없고 즐길 것도 많아 만족스러웠다. 하지만 중간에 근무지를 서울로 옮기고 남편도 서울에서 근무하다 보니 출퇴근에만 적지 않은 시간이 걸렸다. 결국 우리는 부동산 갈아타기를 결심하고 서울 여기저기의 부동산을 찾아다녔다. 이때 만난 부동산 중개인들은 우리에게 젊은 나이에 이 동네를 알아보느냐며 대단하다는 말을 해주셨다. 그 말을 듣는데 여러 가지 생각이 들었다. 월세 45만 원이 부담스러워서 독립된 화장실도 없는 회사 기숙사로 들어갔던 나인데, 어느새 서울의 부동산으로 갈아탈 계획을 하고 있다니…. 드디어 어린 내가 꿈꾸던 여유 있는 어른이 된 것만 같았다.

그런데 내 친구는 사정이 조금 달랐다. 입사했을 때쯤 전세 대출을 받아 같은 신도시 투룸에서 자취를 시작한 친구는 얼마 전 집주인에게 집을 비워달라는 요청을 받았다. 어쩔 수 없이 이사 준비를 해야 했는데 그간 집값이 폭등하며 주변의 전세가가 훌쩍 올라 있었다. 친구는 결국 회사에서 더 멀고 더 낙후된 동네를 알아볼 수밖에 없었다. 친구가 경제적으로 어렵게 살았던 것은 전혀 아니다. 10년간 꼬박꼬박 월급을 받았고 투룸 전셋집에서 부족함 없이 살았으며 주말에는 취미생활도 마음껏 즐겼다. 하지만 시간이 흐른 뒤에 현실을 보니 실질적인 자산이라고 할 만한 게 없었다. 친구는 처음부터 동기들이 살던 원룸에 비해 넓은 집에서 살다 보니 크게 불편함을 느끼지 않았다. 그래서 내 집 마련의 필요성을 느끼지 못했고, 돈이 모이자 외제차를 샀다. 감가상각이 빠른 외제차 대신 집을 먼저 사라고 권했지만… 친구는 어차피 이 돈 아낀다고 집 못 산다며 외제차를 선택했다. (사실 그 돈을 아꼈으면 집을 살 수 있었을 텐데 관심이 없어 잘 몰랐던 것이다.)

분명 우리는 같은 회사에서 같은 월급으로 사회생활을 시작했다. 하지만 10년이 지난 지금 우리의 소득과 경제 상황은 달라졌다. 앞으로 10년 뒤는 또 어떻게 바뀌어 있을까? 우리는 이제서야 깨달았다. 같은 월급, 같은 회사에서 시작하더라도 어떤 소비 습관을 가졌고 재테크를 누가 더 빨리 시작하느냐에 따라 5년 뒤, 10년 뒤 상황이 완전히 달라진다는 사실을.

돌이켜보니 이십 대 때만큼 돈 모으고 불리기 좋은 때가 없다. 물론 에너지가 넘칠 때여서 취미도 이것저것 하고 싶고, 예쁘게 꾸미고도 싶은 나이임을 잘 안다. 나도 돈을 아예 안 쓴 것은 아니었으니까. 하지만 나는 불필요한 지출을 최대한 줄이고 투자하며 커리어에 몰두했었다. 시간이 지나서 보니 그때야말로 책임질 부모님이나 자녀도 없고 온전히 나 하나만 책임지면 돼서 돈 모으기 가장 좋은 때였다. 나이를 먹으면 결혼을 하고, 육아를 하고, 부모님이 노쇠해지니 돈과 시간을 써야 하는 일이 점점 늘어간다. 돈 쓸 데가 많으니 소득이 급격하게 오르지 않는 이상 저축할 돈은 줄어들 수밖에 없다.

물론 가장 젊고 건강할 시기에 사고 싶은 것 사고, 하고 싶은 거 하면서 사는 것도 좋다. 각자의 가치관은 모두 다르고, 어디에 돈을 쓰는가는 한 사람의 가치관을 가장 잘 보여주기에 이런 이야기를 하는 것이 조심스럽기도 하다. 친구는 돈을 모으지는 못했지만 좋은 차와 취미생활을 즐겼을 것이고, 커리어와 돈 모으기에 집중했던 나는 누가 보기에는 인생을 즐기지 못하는 답답한 사람일 수도 있다. 어떤 선택을 하든 자신의 가치관에 어긋나지 않는 일이라면 마음을 따라도 괜찮다. 하지만 이십 대는 인생을 마음껏 즐길 수 있는 시기임과 동시에 재테크를 시작하기에 최고의 나이이며 이에 따라 앞으로의 자산과 여유가 달라진다는 점을 잊지 말았으면 한다.

조금씩 돈을 모아보는 감각을 길러보자. 통장에 돈이 1,000만 원 찍혔을 때의 기쁨을 느껴본 적이 있는가? 목돈이 모이는 감각을 느껴봐야 할 수 있다는 자신감이 생기고, 그때부터는 습관이 들어 돈 모으는 게 어렵지 않다. 아직 돈을 쓰는 즐거움만을 아는 사람이 이 책을 들었다면, 이제는 저축의 즐거움을 알게 되기를, 주식의 수익금으로 과거보다 맛있는 것을 부담 없이 사 먹을 수 있기를, 더 좋은 곳에서 살며 출퇴근 시간을 줄여가는 기쁨을 느껴볼 수 있기를 진심으로 바란다.

마케팅의 함정을
피하는 방법

　아무 생각 없이 돈을 쓰던 시절이 있었다. 사실 그 소비들은 충동적으로 저질렀던 경우가 많은데, 우연히 마케팅 서적을 읽으며 세상을 새롭게 바라보는 눈이 생겼다. 우리는 길을 걷는 중에도 현수막, 옥외광고 등을 통해 여러 회사의 제품을 만나고, 일을 하는 와중에도 백신 프로그램의 팝업 광고나 웹 서비스를 이용하며 다양한 제품의 마케팅을 자연스레 접한다. 세상 곳곳에 고도의 마케팅 전략이 숨어 있는데, 댄 애리얼리의 『부의 감각』에서 나온 마케팅 전략들과 내 소비 경험에 대한 생각을 공유하고 싶다.

할인된 가격이
원래 가격이다

자주 들어가는 쇼핑 앱을 켜보자. 대부분의 제품이 적게는 10%, 많게는 50%까지 할인을 하고 있다. 근처 올리브영만 가봐도 가격표에 할인이 안 붙은 제품이 없다. 이 많은 물건들이 정말 가격을 내려 받고 있는 것일까? 우리는 할인되지 않는 제품이면 구매할 매력을 느끼지 못한다. 이를 잘 아는 기업은 가격을 정할 때 정가보다 높은 가격을 설정하고 거기에 할인을 붙여 판매한다. 미국의 JC페니 백화점의 사례를 살펴보자. 이 백화점은 제품의 가격을 높게 책정한 후 그걸 다시 깎아서 가격표를 매기는 정책을 추구했다. 그러다 새로 부임한 대표가 공정한 가격 정책을 만들자며 모든 할인 제도를 없애는 대신 정가를 그만큼 낮추었다. 어떤 결과가 나왔을까? 백화점의 충성스러운 고객들은 이 제도를 증오했으며 JC페니 백화점은 1년간 무려 9억 8,500만 달러의 손해를 봤다. 결국 신임 대표는 해고됐고 백화점은 다시 제품들의 정가를 60% 이상 인상하고 할인 가격으로 판매하기 시작했다. 고객들은 가격이 동일했음에도 JC페니가 예전처럼 엄청난 할인을 제공한다고 생각하고 만족스러워했다.

10만 원짜리 제품을 6만 원에 구매하면 우리는 10만 원과

6만 원을 비교해 40%나 저렴하게 소비를 했다고 생각한다. 하지만 우리가 비교해야 하는 금액은 정가 10만 원이 아니라 안 샀을 때 지출하는 비용 0원과 샀을 때 지출하게 되는 비용 6만 원이다. 일단 할인가가 붙어 있으면 0원과 비교하지 않고 정가와 비교하게 되어 비합리적인 소비를 하게 되는데, 소비를 할 때 할인된 가격이 원래 정가라고 생각하는 연습을 해보자. '기업들의 마케팅 전략에 넘어가지 않겠어!'라고 다짐해보는 것이다. 우리는 더 이상 불필요한 물건들에게 방을 내줄 필요가 없다. 이성적인 판단으로 필요한 물건만 구매해보자.

제한 시간, 제한 수량에 흔들리지 마라

소비자의 마음을 조급하게 만드는 마케팅 전략이 있다. '오늘까지 30% 할인' '이번 주까지만 50%!' '얼리버드 초특가' '선착순 10명까지' 등 지금 사지 않으면 손해인 것만 같은 멘트가 많다. 하지만 광고에 낚여서 당장 필요하지 않은 물건을 사는 것이야말로 손해다. 이런 할인은 한 달 뒤에도, 정해진 수량이 넘었음에도 여전히 같은 가격인 경우가 많다. 한 달 뒤에도 같은 가격인 것을 보며 '또 속았구나!'라고 생각한 적이 한두 번이 아닌데, 타임 세일이나 한정 수량에 마음이 흔들린다면 앱을 끄고 다음 날 다시 생각해보자. 그사이 마음은 식었을지도 모른다.

체크카드 쓰는 버릇을 들이자

왜 돈을 모으기 위해서는 신용카드 대신 체크카드를 쓰라고 하는 걸까? 물론 갖고 있는 잔액 내에서 돈을 쓰라고 체크카드를 권하지만, 내가 생각하는 더 큰 이유는 '지불의 고통'이다. 사람은 돈을 쓰는 일에 고통을 느낀다. 같은 금액을 계산해도 신용카드보다 체크카드로 계산할 때 문자로 줄어드는 잔액을 볼 수 있어 더 고통스럽다. 소비 통제가 안 돼서 고민이라면 체크카드 사용을 권유한다. 무분별한 소비를 막기 위해서는 스스로 지불의 고통을 자처하는 게 최고의 방법이다.

'N빵'의 비밀

친구들과의 모임에 나가면 평소보다 음식을 더 시키게 된다. 혼자 카페에 가면 커피 한 잔을 시키지만 친구랑 가면 디

저트를 시키게 되고, 밥을 먹더라도 사이드 메뉴나 음료를 꼭 시키게 된다. 어차피 친구와 N빵할 테니 혼자 먹는 가격보다 저렴하게 느껴지기 때문이다. 하지만 진짜 혼자 먹는다면 애초에 사이드 메뉴를 시키지도 않고 음료를 시키는 경우도 거의 없다. 우리는 N빵을 통해 지출을 줄일 수 있다고 생각하지만 실제로는 어차피 돈을 나눠 낸다는 생각에 더 많은 소비를 하게 된다. 친구가 콜라를 마신다는데 내가 안 마시면 내가 콜라값까지 내야 하기에 그냥 다른 음료를 주문하게 되기도 한다. 그럼 친구들과 음식을 먹을 때마다 어떻게 계산하냐고? 돌아가면서 한 사람이 사면 된다. 오늘은 내가 샀다면 다음 번엔 친구가 사면 된다. 당장은 한 번에 돈을 많이 쓰는 것 같지만 나도 다른 친구들도 언젠가는 자기 차례가 돌아오기 때문에 신경을 써서 메뉴를 고를 수밖에 없다.

원클릭 결제를 조심하라

삼성페이, 쿠팡 등 각종 플랫폼의 페이 서비스를 조심하자. 결제가 쉽기 때문에 나도 모르게 잦은 소비를 하게 된다. 어차피 사려는 제품을 편하게 사는 게 왜 나쁘냐고 생각할 수 있지만 과도한 소비가 조장되는 것이 문제다. 편하면 편할수록 소비는 더 충동적으로 이루어진다. 가끔 온라인에서 결제를 할 때 카드 번호를 다 넣으라는 곳들을 본 적이 있을 것이다. 구매가 불편해지면 정말 내게 필요한 제품인지 다시 한번 생각하게 된다. 충동적인 소비로 고민이라면 온라인 쇼핑몰에 등록된 카드를 해지하고 일부러 불편한 결제 방식을 사용해보는 건 어떨까? 귀찮음이 충동을 이기는 횟수가 늘어나면 나쁜 소비 습관이 분명 사라질 것이다.

이 외에도 세상은 눈에 잘 보이지 않는 마케팅으로 가득하다. 그런데 마케팅은 제품이나 서비스에서만 사용되는 게 아니다. 나를 셀프 마케팅함으로써 커리어에 대한 새로운 기회를 만날 수도 있다. 마케팅이라는 행위는 소비 관점에서 충동적인 지출을 유발하기도 하지만, 이용하는 입장이 되면 기회와 소득을 높일 수 있는 최고의 방법이 되기도 한다. 과연 나는 마케팅을 잘 이용하고 있는지, 아니면 이용만 당하고 있는지 생각해보자. 후자라면, 이제는 전자의 입장이 되어보는 건 어떨까? 나는 이십 대 중반까지만 해도 본질이 중요하고 마케팅은 사기라고 생각했지만, 현실은 달랐다. 본질이 훌륭하더라도 마케팅이라는 도움을 받지 못하면 본질은 빛을 발하지 못한다. 마케팅을 이해하고 이용한 순간부터 내 커리어 또한 달라지기 시작했다.

하고 싶은 일 VS
해야 하는 일

　세상에는 다양한 삶의 방식이 있다. 요즘에는 미디어를 통해 남들과는 다른 길을 걷는 사람들을 쉽게 볼 수 있는데, 이런 사례들을 자주 접하다 보면 '다들 좋아하는 일을 하는 것 같은데 나는 좋아하는 일이 뭔지 모르겠어'라는 생각이 들어 혼란스러워진다. 나도 학교에서 장래희망을 적어 내라고 하면 딱히 되고 싶은 게 없어서 한참을 고민했다. 좋아하는 일이 없는 게 마치 잘못된 것만 같았다. 같은 고민을 하고 있는 사람들에게 해주고 싶은 말이 있다. 좋아하는 일을 찾고 싶지만 정말 못 찾겠다면 '해야 하는 일'에 더 집중해보는 건 어떨까?

나는 한 직장에서 통신 일을 9년간 했다. 이 일을 좋아해서 선택한 것이 아니라 입사했더니 부서 배치가 통신 쪽으로 나서였다. 통신을 전공한 사람도 아니었고, 학창 시절 통신 관련 수업을 반 학기 정도 배운 게 전부였다. 처음에는 정말 어려워서 퇴근하면 학원도 다니고 독학도 하면서 열심히 공부했다. 그렇게 몇 년을 쏟아부으니 어느새 통신이란 것이 이해되기 시작했고 점점 쉬워졌다. 업무에서도 성과가 나며 신입사원 때만 해도 두려웠던 출근길이 기대되고 즐거워졌다. 처음부터 내가 이 일을 좋아했나? 아니다. 주어진 일을 열심히 했더니 인정을 받게 되고 그러다 보니 좋아진 것이다.

회사에서 만난 사람들과도 이야기해보면 어렸을 때부터 꿈이 개발자였던 개발자는 드물고 꿈이 마케터였던 마케터도 거의 없다. 학창 시절에 자신과 조금이라도 어울려 보이거나 전망이 괜찮아 보이는 것을 찾아 현재에 이른 사람이 대부분이었다. 그들이 하고 싶은 일을 못 찾아서 불행해 보였나? 전혀 그렇지 않다. 자신이 '무슨 일'을 하고 있는가에 집중하기보다 자신에게 '주어진 일'을 열심히 하면서 성취와 보람을 느끼는 경우가 많았다.

맡은 일을 열심히 하다 보면 자연스럽게 하고 싶은 일을 찾게 되거나 또 다른 길로 나아갈 수 있는 기회가 생긴다. 여러 사람을 만나게 되면 내가 모르고 있던 무언가를 접하게 되고 '어? 그것도 해볼 만하네?'라는 생각이 드는 경우가 있는데, 그때 관심이 생기는 것들을 하나둘 시도해보는 것도 괜찮다. 예를 들어 유튜브는 나의 새로운 시도였다. 한참 직장인들 사이에서 "퇴사할 거야", "유튜브할 거야"라는 2대 허언이 돌아다닐 때 퇴사는 두려웠고 유튜브는 할 만한 것 같아 무작정 유튜브를 시작했다. 좋아해서 시작한 게 아니라 단순히 '나도 해볼까?' 하는 마음이었다. 이왕 하기로 한 것, 아무리 반응이 차가워도 주 2회 이상 영상을 꾸준히 올렸다. 그렇게 1년이 조금 지나자 유튜브를 함께 시작한 다른 동료들은 모두 사라졌지만 나는 10만 유듀버가 되어 있었다. 나는 그때부터 직장생활을 계속할지, 유튜브에 집중할지 고민했다. 내 인생에 옵션이 하나 더 생긴 것이다. 인생의 다른 길을 택할 수 있는 선택지가.

주어진 일을 열심히 하는 본인의 모습에서도 충분히 보람과 만족을 느낄 수 있다. 하고 싶은 일이 없는데 뭔가 찾아야 할 것 같다는 생각이 든다면 당장 내가 해야 하는 일(대학생이라면 공부, 직장인이라면 업무)을 남들보다 열심히 해보는 것도 좋은 방법이다. 성과를 통해 뿌듯함을 느낄 수 있고 나에 대한 평판까지 바뀐다. 주변의 평판이 무슨 상관이냐고 생각할 수 있지만, 그로 인해 직무 전환, 부서 이동, 이직 제안 등 새로운 기회를 마주하게 될 뿐더러 대우가 달라지고 새로운 삶의 모습까지 볼 수 있게 된다. 주변을 둘러보면 해야 하는 일을 열심히 해둔 상태에서 하고 싶은 일을 찾아 연쇄적으로 잘되는 사람이 많았는데, 기반이 안정적이기에 실패 확률이 적으며 주변인들을 통해서 새로운 기회를 접하게 된 경우가 많았다. 나는 부서 이동을 희망할 때에도 그간 협업을 열심히 해온 나를 알고 계시던 새 부서장님 덕분에 부서 이동이 (상대적으로) 수월했고, 이직을 시도할 때도 면접관님이 내가 열심히 살았던 이력을 보고 이 사람은 뭐든 열심히 하는 사람이구나 싶어서 합격시켰다는 얘기도 들어봤다. 유튜브도 처음부터 잘되지는 않았지만 그냥 꾸준히 하자는 마음 하나로 했다.

좋아하는 일을 못 찾았다고 지금 내가 해야 하는 일도 제대로 해두지 않으면 기회가 오다가도 달아난다. 진심으로 좋아하는 일이 없어도 행복하게 살 수 있으므로 억지로 찾으려고 하지 않아도 된다. 열심히 살다가 해보고 싶은 게 생긴다면 그때 해봐도 늦지 않다. 이 책을 쓰고 있는 나도 내가 뭘 하고 싶은지 정확히 모르지만, 내가 할 일을 성실하게 해내며 주어진 제안들에 감사히 응하고 있다. 현재에 집중하는 마음이 또 다른 기회로 돌아올 것을 믿으며.

인생의 스펙트럼은
어떻게 넓어지는가

이직 후 첫 출근 날, 부서장님이 나를 회의실로 불렀다. 왠지 느낌이 안 좋았다. 팀장님은 나를 최종 합격시킨 뒤에 유튜브에서 내 영상을 보게 됐다며, 최종 발표 전에 내 채널을 봤다면 결과가 달라졌을 수도 있겠다고 말했다. 나는 회사에서 유튜브에 대한 이야기를 꺼낼 생각이 없었지만 이미 모두가 내 채널을 아는 것 같았다. 회사생활이 어려워질 것 같은 예감이 들었다.

"저 유튜브 접을 생각으로 이직했어요. 열심히 하겠습니다."
나는 팀장님께 이렇게 말했다. 거짓말을 하나도 보태지 않은 진심이었다. 장기적으로 봤을 때 잠깐 반짝할 것 같은 유튜브보다는 회사에 충성하는 게 커리어도 쌓고 안정적인 길이라고 생각했기 때문이다. 게다가 직장인이었던 부모님, 남자친구, 당시 예비 시부모님까지 모두 나에게 이직을 잘했다며 여기에 뼈를 묻으라고 했고 나도 동의했다.

하지만 몇 달간의 새 회사생활은 엄청난 스트레스였다. 전 직장과 달리 마음을 터놓을 동료도 없었고 하나뿐인 사수는 내가 실수를 했을 때 인격적으로 무시했다. 팀장님과 부서원들은 좋은 분들이었지만 재택근무 특성상 친해질 기회가 없었다. 나 홀로 섬에 갇힌 것만 같았다. 저녁에 쓰레기봉투를 사러 들어간 편의점에서 "감사합니다"라고 한 인사가 그날 처음 꺼낸 말일 정도였으니….

몇 달이 흘렀을까. 결국 유튜브와 직장 중 선택을 해야 하는 상황에서 나는 고민 끝에 유튜브를 선택했다. 스스로도 정말 놀라운 선택이었다. 누구보다 안정을 추구했던, 직장에 뼈를 묻으려던 내가 퇴사를 하다니…. 주변 사람 모두가 말렸지만, 힘든 인간관계와 스트레스를 더 이상 버틸 수가 없었다. 첫 직장을 다닐 때는 언젠가는 더 좋은 회사로 옮기고 싶다는 의지가 있었고, 더 많은 돈을 벌어보고 싶다는 꿈도 있었다. 그런데 이직한 회사에서는 더 이상 되고 싶은 것도, 하고 싶은 것도 없었다.

나는 회사 밖에서 N잡들과 유튜브에 집중해보기로 결정했다. 더 이상의 목표가 없었던 직장과는 달리 유튜브에는 직장으로 인해 거절했던 기회가 많았다. 발전 가능성으로 따지면 후자가 훨씬 매력 있었다. 이렇게 힘든 와중에 유튜브가 없었다면 어땠을까? 매일매일 지옥이었을 텐데…. 안정적일 때 만들어놓았던 인생의 선택지는 내가 가장 힘들 때 기댈 수 있는 기회가 되어주었다.

유튜브 채널이 약 10만 정도까지 크자, 유명한 책들의 저자부터 사업가, 투자가, 프리랜서, 기업 등 생각지도 못했던 사람들과 브랜드가 내 채널에 나오고 싶어 했다. 심지어 협업을 하면, 적지 않은 돈을 받았다. 도대체 나같이 평범한 사람이 운영하는 채널에 왜 큰돈을 주고 나오려고 하는지 그때는 이해할 수 없었다. 하지만 내가 소개했던 모 제품이 수천 개 이상 팔리며 높은 매출을 내는 것을 보고 생각이 달라졌다. 온갖 경제·경영서와 자기계발서들에 적혀 있던 인지도의 힘을 이제서야 알게 된 것이다. 보도 섀퍼의 『돈』에는 이런 구절이 있다.

인지도가 소득의 가장 중요한 기반이라는 사실을 알고 있는가? 인지도는 소득을 배가하는 가장 강력한 수단이다. 당신의 상품이나 서비스를 갖고 얼마나 많은 사람을 끌어모을 수 있는가?

테니스 선수 보리스 베커는 테니스에 재능이 있고 또 거기에 많은 에너지를 쏟았기 때문에 많은 돈을 벌었다. 하지만 정작 그가 그렇게 막대한 돈을 벌 수 있었던 것은 수백만의 사람이 그를 지켜보았기 때문이다.

비록 나는 유명한 운동선수나 연예인은 아니지만 어느새 내 채널에 모여준 우리 구독자 골쥐들 덕분에 인지도로 자립할 수 있었다. 월급은 없어졌지만 더 간절한 마음으로 유튜브와 작은 사업들을 여러 차례 시도하면서 월급 이상의 소득을 만들어냈다. 이제는 더 이상 사무실에 출근하지 않아도 되며 주 40시간을 채울 필요도 없어졌다. (하지만 현실은 회사 밖에서 더 잘 살아남기 위해 주 50시간을 일하고 있으며 이 원고를 수정하고 있는 시간은 밤 11시다.)

누구보다 안정을 추구하던 나는 자립이 정말 두려웠다. 더 솔직히 말하자면, 프리랜서들처럼 특정한 직무에 뛰어난 실력이 있는 것도 아니었고 사업가들처럼 대단한 사업 아이템이 있는 것도 아니었기에 자립을 할 수가 없었다. 그런데 지금 되돌아보니 자립을 하려면 실력을 키우든지, 사업 아이템을 만들든지 했으면 됐는데 현실에 순응하고 있을 뿐이었다. 유튜브에 집중하기로 한 나의 결정이 100% 나의 '자발적' 선택이었을까? 나는 아니라고 생각한다. 이직한 회사에서 겪은 일들 때문에 '비자발적'인 자립을 하게 됐다는 것이 더 정확할 것이다. 비록 비자발적이라 하더라도 나는 이 경험을 통해 참 많이 변했다. 안정이 최고의 가치라고 믿고 살았지만, 이제는 안정 말고도 추구할 수 있는 가치가 아주 많고 세상에는 재밌는 일이 가득하다는 것도 알게 되었다. 그렇게 나는 어느새 퇴사한 지 2년이 넘었지만 그때보다 모든 면에서 더 만족스럽게 살아가고 있다.

모든 것은 내공이 된다
(ft. 나의 N잡 경험기)

창업이란 기술적으로 세상에 엄청난 변화를 일으키는 일이라고 생각했다. 나같이 평범한 사람은 할 수 없으리라 여겼고, 하고 싶다는 마음을 품은 적도 없었다. 하지만 대학생 때 학점을 채우려고 '스타트업 트렌드'라는 교양 수업을 들으며 창업의 벽이 생각보다 낮다는 것을 깨달았다. '어, 이런 서비스가 왜 없지?'라는 단순한 호기심으로도 시작이 가능한 일이라는 것을 말이다. 창업이라고 하면 회사를 수십, 수백 배 규모로 키워야 하는 일이라고 생각했지만, 1인 기업, 5인 기업 등 규모는 작더라도 의미 있는 일을 하는 회사와 대표가 참 많았다. 내 안에서 사업에 대한 장벽이 낮아지자 이런저런 생각이 떠올랐고 실제로 경험에 옮겨본 일과 배운 것이 많다.

거창하지는 않지만 내가 시도해본 몇몇 N잡에 대한 이야기를 들려주고 싶다.

미라클 모닝 모임을 열다

　우연히 시작하게 된 일이다. 직장인의 시간 관리와 미라클 모닝에 대한 영상을 올리면서 나와 미라클 모닝을 함께 하고 싶다는 댓글이 달렸다. 나도 혼자 하는 것보다는 여럿이 하면 재미있을 것 같아 미라클 모닝 모임인 '얼리마우스(earlymouse)'를 만들었다. 얼리마우스는 새벽에 정해진 시간에 일어나서 줌을 켠 채로 각자가 하는 일을 최소 40분간 보여주는 모임이다. 그때는 나도 회사, 유튜브, 이직 준비 등으로 할 게 많은 때라 조금은 무리해서 오전 5시 기상에 도전했다. 10만 원씩 보증금을 걸었고 1분이라도 늦으면 지각 처리를 하는 등 중도에 포기하지 않도록 강력한 규칙들을 만들었다. 이런 규칙들 덕분일까, 아니면 정말 자기계발에 관심 있는 사람들이 모인 덕분일까? 시작 이래 몇 달간 수백 명이 새벽 5시 기상 100% 완주에 성공했다. 그렇게 순항하던 모임은 사람이 늘어나면서 사람 관리에 애로사항이 생겼고, 결국 여기에 시간을 더 쓸 수 없었던 직장인이자 유튜버였던 나는 모임을 중단했다.

    두 달쯤 지났을까. 다시 얼리마우스 모임을 하고 싶다는 연락이 많이 왔다. 나도 얼리마우스가 그리웠다. 나는 혼자서도 일찍 일어날 거라고 생각했지만 막상 모임이 사라지자 늦잠을 자게 된 것이다. 더 이상 시간을 낭비하고 싶지 않아 유료로 얼리마우스를 부활시켰다. 유료로 바꾼 이유는 늘어난 참가자를 관리해주는 분들에게 보수를 드렸기 때문이다. 한 달 참여비는 부가세 포함 55,000원으로 정했다. 비슷한 서비스를 제공하는 다른 모임들의 참가비도 대부분 한 달에 5~10만 원으로 책정되어 있었다. 사실 모집 날까지만 해도 비싼 참가비 때문에 정원이 차지 않으리라 예상했다. 하지만 진심이 통한 걸까? 걱정과 달리 오픈하자마자 50명 정원이 1초 만에 마감되었다.

    어느새 내가 아닌 우리가 된 얼리마우스는 단순한 미라클 모닝 모임에 그치지 않고 목표 공유, 저녁 독서실, 이벤트, 오프라인 등 다양한 활동을 함께 해나가고 있다. 지금은 인원이 더 늘어났고 타 모임에서도 우리를 벤치마킹할 정도로, 2021년에 시작했던 얼리마우스는 2024년인 지금까지도 40개월 넘게 성행하고 있다. 혹시 얼리마우스를 해보고 싶다면, 네이버에 '얼리마우스'를 검색해보면 된다. 어느새 여러 팀원들이 블로그, 티스토리 등에 많은 후기를 남겨주었고, 우리 사이트도 일정한 트래픽에 도달했는지 네이버에만 검색해도 사이트 링크가 나온다. 얼리마우스 팀원들과 평생 함께 활동하고 싶을 만큼, 이 모임은 내 인생에서 가장 잘 만들었다고 생각하는 모임 중 하나이다.

많은 것을 배웠던 두 번째 아이템

두 번째 사업 아이템은 온라인 운동 모임이었다. 이직을 한 회사에서는 매일 저녁마다 줌을 통해 운동을 하는 온라인 운동 프로그램을 진행했는데 꽤 만족도가 높았다. 굳이 헬스장에 가지 않더라도 집에서 운동할 수 있었고 온라인으로 하기 때문에 가족과도 함께할 수 있었다. 저렴한 가격으로 다 같이 운동하는 습관을 들일 수 있는 최고의 프로그램이라고 생각해서 나는 전문 강사님을 섭외해 '쥐락펴락'이라는 온라인 필라테스 활동을 만들었다. 하지만, 결과적으로는 2개월 이상 이어지지 않았다. 나중에야 깨닫게 된 것이지만 안 될 이유가 있었다. 처음 쥐락펴락을 시작할 당시에는 얼리마우스 리더들에게 가장 먼저 소개하며 무료로 이 활동에 넣어드리겠다고 했지만 반응은 시큰둥했다. 스스로 운동을 잘하고 있기에 굳이 온라인 활동까지 해가며 운동을 할 필요는 없을 것 같다는 것이었다. 나는 '나만 운동을 안 하고 있었나?'라고 가볍게 생각하며 서비스를 오픈했는데, 얼리마우스와 달리 쥐락펴락은 초기 오픈 빨(?)에도 불구하고 정원 대비 70%밖에 모이지 않았다. 활동하신 분들의 만족도 자체는 높았지만 재신청 수는 얼리마우스만큼 많지 않았다. 이유가 뭔지를 계속해서 생각해보고 창업 관련한 책들을 읽다가 그 이유를 깨달았다. 내가 타깃에게 필요한 것을 제공하지 않아서였다.

서비스든 마케팅이든 타깃을 명확히 하는 게 중요하다. 세스 고딘도 『마케팅이다』라는 책에서 "내가 좋아하는(만들고 싶은) 서비스를 만드는 것이 아니라 타깃을 정확히 설정해서 그 타깃에게 필요한 서비스를 만드는 게 마케팅이고 창업이다"라고 말했다. 내 타깃은 '자기계발러'라고 할 만한 사람들이었는데 이들에게 운동이 필요했을까? 그들은 스스로 운동을 하고 있었기에 온라인 필라테스가 필요하지 않았다. 창업에 관한 도서 『아이디어 불패의 법칙』에서도 유사한 메시지가 나온다. 내가 서비스를 오픈하기 전에 먼저 주변 사람부터 만족시켜야 한다는 것이다. 예를 들어 내가 샌드위치를 팔 거라면 주변 지인들부터 이 샌드위치를 먹고 만족해야 나를 모르는 사람들도 이 샌드위치에 만족한다. 그런데 내 주변에 있던 회사 동기들이나 얼리마우스 리더들조차 이 서비스의 필요성을 느끼지 못했다. 운동을 안 했던 사람들은 굳이 온라인으로도 할 필요성을 못 느꼈고, 운동을 하는 사람이라면 이미 스스로 잘하고 있기에 참여할 필요가 없었다. 결국 쥐락펴락은 2회 차 만에 중단하게 되었다. 중요한 점은 명확한 타깃과 그들의 진정한 필요를 찾는 것, 그리고 주변에서 선행되어야 하는 '로컬 테스트'라는 것을 배웠다.

이 외에도 자기계발러들이 모인 '진정성' 커뮤니티, 자기계발러를 위한 소개팅 서비스 '헤이데이' 등 다양한 사업을 시도했다. 그러면서 이런 것들을 시도하지 않았더라면 몰랐을 것에 대해서 많이도 배웠다. 사이트를 만드는 법부터, 디자인 툴, 세금 신고, 마케팅, 매출 일으키기, 시스템화, 타인을 이해하는 법, 소통 방식 등등. 결과가 어찌 됐든 이런 과정들을 통해 더 성장할 수 있었고 실패와 시행착오들은 곧 내공이 되었다. 처음부터 창업가나 주식 천재로 태어나는 사람은 없다. 기업이 무엇인지, 매출이 무엇인지부터 알아가며 성장한다. 스티브 잡스가 '점들의 연결(Connecting the dots)'에 대해 말한 것처럼, 우리의 현재는 과거의 점들을 모은 것이라는 것을 이제서야 진심으로 체감한다. 살면서 시도해본 모든 일은 내 삶에 도움이 되었고, 당장 도움이 되지 않더라도 언젠가는 다 쓸모가 있다.

회사를 나와
내 일을 시작해도 될까?

나는 모든 사람이 엄청난 리스크를 지고 사업을 해야 한다고 생각하지는 않는다. 하지만 당당한 미래를 만들려면 내가 어디에 있든 어떤 일을 하든 내 분야에서는 전문가가 되면 좋다고 생각한다. 그래야 소속이 없어지더라도, 잠깐 힘든 일을 겪더라도 빠르게 회복할 수 있기 때문이다. 실력이 곧 자신감과 미래를 만드는데, 그 실력은 안주하지 않는 도전으로부터 온다. 회사 상황이 안 좋아지면 회사 일을 열심히 하고 커리어를 잘 쌓던 사람은 금방 더 좋은 곳으로 이동하고 더 좋은 대우를 받는다. 하지만 안정감만을 찾던 사람은 인생의 변수가 생겼을 때 갈 곳을 찾기가 쉽지 않다. 도전과 변화는 이것들을 좋아하는 사람이 하는 것이라고 생각했는데 현실은 달랐다. 도전과 변화는 세상에서 살아남기 위해 필수적으로 해야 하는 것이었다.

같은 업무를 5년 정도 넘게 하다보면 권태로움을 느껴 이직이나 N잡 등 다음 계획을 세워보는 사람이 많은데, 항상 퇴사가 공통된 고민이다.

"퇴사하고 이직 준비하면 더 열심히 할 수 있을 것 같은데…."
"퇴사하고 유튜브하면 더 잘 될 텐데…."
"대책이 있어야 퇴사하나요? 그냥 쉬면 되는 거지."

정말로 대책 없이 퇴사해도 될까? SNS에는 계획 없이 퇴사한 사람들이 종종 보이고 별 생각 없이 퇴사를 해도 괜찮을 것 같다는 생각이 든다. 하지만 내 생각은 조금 다르다. 지금 회사가 너무 힘들어서 극도의 우울증 등을 겪는다면 퇴사를 진지하게 생각해봐야 한다. 그러나 현업이 무료해서, 혹은 다양한 경험을 해보고 싶어서라면 퇴사를 강력하게 말리고 싶다. 현업이 무료하다면 이직을 준비해볼 수 있고, 다양한 경험 역시 퇴근 후 또는 주말에 독서나 각종 모임, 학업, 여행 등을 통해 회사를 다니면서도 충분히 할 수 있기 때문이다. 이렇게 하면 안정적인 월급을 받으면서도 나의 결핍을 해결하고 시간을 알차게 보낼 수 있다. 우리는 시간이 부족해서 무언가를 못하는 게 아니라 이런저런 핑계로 미루고 미루다가 하지 못한다.

그럼에도 퇴사를 꿈꾸는 사람들을 위해 직장을 다니며 준비해보면 좋을 것들을 얘기해보고 싶다. 일단 내가 앞으로 '어떻게 돈을 벌 것인지' 생각해보는 게 먼저다. 크게 2가지 방향이 있다. 현업을 발전시켜서 돈을 버는 방법과 업무와 전혀 연관 없는 일에 도전하는 방법이다. (나는 퇴사가 목적은 아니었지만 후자로 시작했다.)

현업으로
N잡 발전

대부분은 업무에 지쳐 하던 일과 관련이 없는 새로운 일을 하고 싶겠지만 현실적으로는 현업을 발전시키는 게 성공 확률이 더 높다. 개발을 하고 있다면 아무리 개발을 못한다고 해도 아예 모르는 사람보다는 지식이 더 많을 수밖에 없기 때문이다. 마케팅, 디자인, 기획 등 다른 직무도 마찬가지다. 회사에서의 경험은 어느새 나의 전문성을 길러줬다. 생각만으로도 가슴이 뛸 만큼, 하루에 14시간 이상 투자할 만큼 해보고 싶은 일이 있는 게 아니라면, 현업을 발전시켜보자.

그러면 현업을 어떻게 더 발전시킬 수 있을까? 크게 이직, N잡, 사업으로 나눌 수 있는데 처음에는 N잡에 초점을 맞춰서 내가 이 시장에서 먹힐지 알아보는 게 좋다. 아무리 일을 잘한다고 해도 나에게 일을 줄 사람이 없거나 내 분야가 시장에서 돈이 안 된다면 돈을 벌 수 없다. 시장의 수요를 찾는 가장 쉬운 방법은 재능마켓 플랫폼인 '크몽'이나 '탈잉'에 들어가서 해당 업무 분야를 검색해보는 것이다. 검색 결과가 많이 뜬다면 그만큼 수요도 많다는 의미로, 그 분야 경력을 잘 쌓아보는 게 좋다. 재능마켓에 능력자들이 너무 많다고 주눅들 필요는 없다. 누군가는 고수를 찾고, 누군가는 견적이 저렴한 사람을 찾는 법이니까. 나도 재능마켓에서 유튜브 영상편집을 해줄 편집자를 구한 적이 있었는데 고수보다는 나와 함께 성장할 수 있는 사람을 구했다. 그분과는 2년이 넘은 지금까지도 함께 일하고 있다. 초보자도 수요가 있고, 경력을 쌓으면 충분히 몸값도 높일 수 있다. 너무 많은 생각을 하지 말고 그냥 시도해보자.

자신이 하는 업무를 재능마켓에서 찾을 수 없는 사람도 있을 것이다. 당연히 그럴 수밖에 없다. 회사에는 경력이 쌓이지 않는 일도 많고 회사 의존성이 강한 업무가 많기 때문이다. 이런 경우에는 내 업무와 조금이라도 비슷한 분야로 경력을 만들어보기를 권한다. 예를 들어 엑셀을 다루는 일반 사무직이라면 엑셀 매크로를 배운 다음 그 분야로 나가볼 수도 있다. 요즘은 다들 어느 정도 엑셀을 다루지만, 엑셀 매크로는 또 다른 분야이기 때문에 굳이 다들 번거롭게 배우려고 하지 않는다. 하지만 상대적으로 번거롭거나 어려운 일을 할수록 공급이 적고, 잘만 한다면 돈을 벌 수 있다. 누군가는 "저도 그걸 잘 모르는데요?"라고 할 수 있지만, 잘 모르면 지금부터라도 공부하면 된다. 모든 사람은 태어날 때부터 특정 업무 능력을 타고나는 게 아니라 노력으로 만들어간다. 정말 퇴사가 하고 싶다면, 내 유관 분야와 관련한 커리어를 개발해서 나만의 경쟁력을 키워보는 건 어떨까?

업무와 연관 없는
새로운 도전

새로운 도전을 하고 싶다면, 가장 먼저 그 일을 잘하고 있는 사람을 찾아 그의 지식을 내 것으로 만들어야 한다. 그런데 이미 잘하고 있는 사람일수록 굳이 나 같은 초보자를 만나줄 이유가 없다. 그러므로 이들이 강의를 한다면 돈을 써서 들어보는 게 가장 쉽고 간단한 방법이다. 이렇게 쓰는 돈은 아깝다고 생각하지 말자. 어떤 전문가도 아무것도 모르는 초보자를 만날 이유가 없다. '패스트캠퍼스', '클래스101' 등 온라인 교육 플랫폼에서 특정 직무를 찾아보면 웬만한 직업군은 모두 나온다. 혼자서 끙끙대는 것보다 거인의 어깨에 올라타는 사람이 가장 빨리, 가장 정확하게 성장한다. (다만 특정한 아이템 없이 '성공하는 법'을 파는 강의는 조심할 필요가 있다.) 좀 더 접근성이 쉬운 플랫폼으로는 유튜브를 추천한다. 우리는 유튜브를 가볍게 여기는 경향이 있는데 재테크, 부동산 경매, 창업 지원 사업뿐만 아니라 대학교수들의 강의도 유튜브에다 올라와 있다. 유튜브만큼 정보의 양이 많은 플랫폼은 없다. 다만, 강제성이 없기에 자꾸 포기하게 되는 내 마음이 문제일 뿐이다.

도움이 될 만한 사이트를 소개하고 싶다. 창업에 관심이 있다면 중소벤처기업부에서 운영하는 'k-startup' 사이트를 북마크에 추가해놓고 매일 들어가보자. 나 또한 사업자를 처음 만들었을 때 연 100만 원 상당의 세무 바우처 정보를 얻었고, 창업 교육을 무료로 들은 적이 있다. 창업뿐만 아니라 여러 분야의 강연, 행사들을 볼 수 있는 사이트인 '이벤터스'라는 플랫폼도 있다. 나는 매달 1회씩 내가 잘 모르는 분야의 강연을 가려고 노력하는데 혹시 일상이 무료하거나 관심 있는 분야를 잘 모르겠다면 이 사이트를 주기적으로 모니터링

해보는 것도 좋다.

퇴사는 언제 해야 하는가

위의 방법으로 회사 밖의 수입을 조금씩 만들어가는 단계라고 해보자. 그렇다면 대체 언제 퇴사를 해도 되는 걸까? 내가 생각하는 퇴사의 기준은 '남들에게 말할 수 있는 일로 월급 이상의 수익이 6개월 이상 계속 발생했을 때'이다. 다만, 전자책이나 강의 등을 판매하는 것은 수입이 몇 개월간 잠깐 반짝할 수 있으므로 절대 몇 달 벌었다고 퇴사하면 안 되며 그 수입이 최소 6개월은 '계속' 유지가 되었을 때 퇴사하는 것을 추천한다.

'남들에게 말할 수 있는 일'이라는 것은 불법적인 일이 아니며 내가 무슨 일을 하는지 스스로 정의할 수 있는 일이라는 의미다. 가끔 불법적인 일을 하거나 나조차도 무슨 일을 하는지 잘 모르는 경우가 있는데 이때는 퇴사할 때가 아니다. 직장이란 소속이 없어지면 사람들이 "무슨 일을 하느냐"라고 정말 많이 물어보는데 그때 "프리랜서예요", "사업해요"가 아니라 "영상 편집을 합니다" 혹은 "개발을 합니다"라고 직무를 말할 수 있어야 한다. 누군가는 남들에게 말하는 것이 뭐가 그리 중요하냐고 생각할 수 있겠지만, 생각보다 많은 사람이 퇴사 후 본인 일을 뚜렷하게 정하지 못해 자존감이 낮아진다.

　회사 밖에서 일을 해보니 월급만큼 수익을 내는 것이 대단한 일이라는 생각이 든다. 그만큼 쉽지 않기 때문이다. 또한 회사 밖의 수입은 자신의 실력과 상관없이 시장 상황에 따라 달라지는 경우가 많다. 연말에는 대부분의 회사에서 일을 벌이지 않기에 외주 시장에 차가운 바람이 분다. 그리고 올해에는 전공의 이탈로 인해 병원의 급식을 담당하는 회사들의 영업이익이 급감하기도 했으며 지난 7월 큐텐 사태로 인해 많은 자영업자와 기업이 큰 손해를 입었다. 만약 직장인이라면 이런 상황에서도 월급을 받을 수 있지만 프리랜서나 사업자는 예측 불가능한 상황에 크게 휘청인다. 아무리 실력이 좋아도 회사 밖의 수입은 시장 상황에 따라 변동이 생길 수 있으므로, 당장 몇 개월간 많이 벌었다고 해서 앞으로도 그러리라고 단언해서는 안 된다. 시장 상황을 제대로 체감하려면 최소 6개월 이상(최소가 6개월이고, 1년이 더 안정적이다)은 회사 밖에서 월급만큼 벌어보는 것을 권한다. 이 기준을 지키고 퇴사한 사람은 회사 밖에서도 무슨 일이든 해낼 수 있을 것이다.

우리를 나아가지
못하게 하는 마음들

채널 구독자들의 고민을 듣다 보면, 정말 많은 청년이 불안과 두려움을 느끼고 있다는 걸 알게 된다. 나도 이십 대를 보내며 불안하던 시기가 있었고 지금도 여전히 불안하지만, 조금이라도 도움이 되면 좋겠다는 바람으로 내 경험을 이야기해주곤 한다. 스스로 해답을 찾을 수 있기를 바라며 내가 자주 듣는 4가지 고민을 정리해보았다.

"취준 기간이 길어져서 불안해요"

취준 기간이 길어질 경우 작은 회사 또는 아르바이트라도 하는 것을 추천한다. 아무리 긍정적인 마인드로 취업 준비를 한다고 한들 오랫동안 혼자 있다 보면 무기력에 빠지기 쉽기 때문이다. 사람은 사회적 동물이기에 누군가와 소통하고 대화해야 자존감이 유지되고 삶을 살아갈 수 있는 원동력이 생긴다. 아무리 혼자 있는 게 좋더라도 비슷한 친구들끼리 만나면 시너지가 나는 것처럼, 사람은 대화를 하고 사회생활을 할수록 생기가 살아난다.

1년 이상 대기업 취업 준비를 한 똑똑한 친구가 있었다. 친구는 성적도 좋고 자격증도 많이 갖추는 등 모든 게 좋았기에 대기업에만 서류를 넣었다. 탈락을 하면 불합격 이유를 분석하는 등 정말 노력했는데 취준 기간이 생각보다 길어지자 점점 무기력해지고 의기소침해지는 게 내 눈에도 보였다. 결국엔 지인들도 일단 작은 회사라도 들어가서 경력을 쌓아보라고 조언을 했고, 곧 작은 스타트업에 취업을 했다. 기대하던 회사는 아니었지만 작은 회사라도 배울 점이 많았고 사람들과 대화를 하며 사회생활을 한 덕분인지 친구는 다시 생기를 찾아 입사한 지 1년이 조금 안 되어서 모 대기업 금융사에 최종 합격을 했다.

처음부터 우량한 기업에서 시작하면 좋겠지만 합격 인원은 한정되어 있기에 모두가 큰 기업에서 시작하는 것은 어렵다. 그렇다고 매년 서류가 뜨는 날만을 기다리며 자격증을 취득하는 것보다는 작은 회사라도 사회생활을 하면서 내가 사회에서 쓸모가 있다는 느낌도 받고, 주변 또래들과 대화하면서 자존감을 지킬 수 있으면 좋겠다. 작은 회사에 간다고 내가 작은 사람이 되는 건 절대 아니다. 어떤 회사든 나만의 경력을 쌓아 더 좋은 회사로 이직할 수도 있고, 그 경험을 바탕으로 창업을 할 수도 있으며, 내가 들어간 회사가 상장을 하며 유니콘 기업이 되는 경우도 있다. 좀 더 긍정적으로 생각해보면, 회사는 돈을 주면서 일과 사회생활을 가르쳐주기까지 한다. (물론 반면교사할 일도 많지만.) 나는 세상에서 쓸모가 많은데, 내가 밖으로 나와야 그 쓸모를 알 수 있다. 사회에서 성취와 즐거움을 느껴보자.

"이직을 해도 될지 망설여져요"

언제나 여기가 아닌 다른 곳을 기웃거리면서도, 현재의 안정감이 좋아서 아무 도전도 하지 않는 사람들을 종종 본다. 회사에 입사하면 어느새 시간이 흘러 승진을 하고 안정감도 생긴다. 커리어나 연봉 상승을 위해서는 이직해야 한다는 것을 잘 알면서도, 새로운 곳에서 시작하는 게 두려워서 도전을 피한다. 하지만 현재 일에 불만이 많다면, 나의 장기적인 커리어를 고민해보는 게 좋다. 내가 다니던 부서에 다른 대기업에서 경력을 쌓으신 분이 신입으로 들어온 적이 있었는데 나는 그분의 경력이 아깝다고 생각해서 물었다.

"경력을 버리는 게 아깝지 않으셨나요?"

그분은 이렇게 대답했다.

"연봉도 더 주고 커리어도 더 쌓을 수 있는데 안 올 이유가 없죠."

경력과 직급에 연연하면 도전이 두려워진다. 힘들게 쌓아온 경력과 직급은 물론 중요할 수 있다. 하지만 그것을 잃지 않으려고 너무 꽉 붙잡고 있으면 오히려 껍데기만 남는다. 때로는 도전을 위해서 놓아줄 줄도 알아야 한다.

회사에 2년 이상 다니다 보면 경력이 조금이나마 생겨 내가 도전만 한다면 대우가 더 좋은 회사로 점프할 수 있는 기회가 생긴다. 꼭 이직을 권유하는 것은 아니지만, 그런 기회들은 놓치지 말고 잘 살펴봐야 한다. 지금 다니는 회사가 편하고 안정적이라는 이유로 다른 기회를 차단하지 말라는 이야기이다. 내가 1년 차 때는 우리 부서에 친한 선배가 10명 정도 있었지만, 8년 뒤에는 모두가 다른 길을 선택했다. 더 편한 부서로 전배를 간 선배부터 육아휴직을 한 선배, 이직한 선배 등 다들 각자가 추구하는 방향으로 걸어갔다. 사람은 결국 본인에게 가장 이득인 곳으로 이동할 수밖에 없다. 변화가 두렵고, 지금 동료들이 좋고, 일이 편하다는 등의 이유로 다른 기회를 스스로 만들지 않는다면, 마지막에는 흔히 말하는 '고인물'이 되어 혼자 남을 수도 있다.

유튜브 EO 채널에서 이직을 여러 번 하신 우리 아빠 또래의 시니어 분이 이런 말을 했다. "나의 커리어 운전대는 내가 잡는 것"이라고. 운전대를 잡은 누군가가 나를 조수석에 앉혀 내 커리어를 이끌어주지 않는다는 것이다. 시키는 것만 열심히 해도 기회가 올 수 있지만 언젠가는 스스로 운전대를 잡고 나아가야 한다. 조수석에 앉아 시키는 일만 열심히 하면서 연봉이 낮다고, 기회가 오지 않는다고 불평하고 있지는 않은가? 내 인생의 운전자는 결국 나임을 깨달아야 한다.

"회사를 휴직하면 경력이 단절될까 두려워요"

회사원이면서 동시에 대학생이던 시절에 교환학생으로 외국에 갈 수 있는 기회가 생겼다. 평범하게 대학생활을 했더라면 교환학생이 얼마나 큰 기회인지 잘 몰랐겠지만, 대학보다 회사를 먼저 다녀보니 어느 집단의 보호를 받으며 6개월 이상 해외에서 지내는 일이 엄청난 기회라는 것을 알 수 있었다. 그때부터 교환학생에 지원을 할지 말지 정말 많이 고민했다.

고민했던 이유는 어느새 쌓인 6년이라는 경력 때문이었다. 교환학생을 가면 내 경력에 6개월 혹은 1년이라는 공백이 생기는데 그때만 해도 나는 이 경력이 나름 괜찮은 커리어라고 생각했고, 내년에는 진급이 예정되어 있었다. 혼자서 끙끙 앓다가 존경하는 일잘러 선배 몇 분에게 조언을 구하기로 했다.

"학교에서 교환학생을 갈 기회가 생겼어요. 1년 휴직을 이용하면 갈 수는 있는데 가게 되면 경력에 공백이 생길 테고 진급도 1년은 늦을 텐데… 가는 게 맞을까요? 다녀오면 영어는 좀 늘 것 같긴 해요…."

그러자 존경하던 회사 선배들이 하나같이 똑같은 이야기를 하는 게 아닌가!

"그걸 고민한다고?"

"회사 겨우 이삼 년 다닐 거야? 겨우 1년 가지고 고민하지 마. 나는 대학 졸업하고 1년간 어학연수를 다녀왔는데 돈도 많이 들고 영어도 그만큼 안 늘었어. 근데 교환학생 다녀온 친구들은 외국 대학에 다니면서 또래 친구들도 사귀더라. 교환학생은 대학생이 누릴 수 있는 가장 좋은 기회야. 꼭 다녀와."

"동료 A 봐봐. 나보다 1년 늦게 입사했는데 특진했잖아. 동료 B는? 내가 더 일찍 들어왔지만 나보다 영어도 훨씬 잘해서 더 좋은 부서 갔어. 1년은 아무것도 아니다~"

맞는 말이다. 인생에서 다시는 안 올 교환학생이라는 기회를 겨우 6년이라는 경력 때문에 놓칠 뻔하다니…. 나는 교환학생을 가기 위해 토플 준비를 했고 영어 점수 커트라인을 넘고자 6개월간 밤낮없이 영어 공부를 했다. 다행히 커트라인을 넘어 떠나는 날만을 기다리고 있었는데… 코로나가 터져버려 모든 교환학생 프로그램이 중단되었다. 5년이 지난 지금, 그때를 돌이켜보면 갈팡질팡하던 내 모습이 안타깝다. 6개월만 더 일찍 지원했어도 갈 수 있었는데 눈치만 보다가 기회를 놓쳤다. 그때 선배들이 내게 해준 조언처럼, 회사를 다닐 수 있는 날은 앞으로도 많다. 만약 다른 기회가 찾아와 휴직을 고민 중이라면 현재 경력에 너무 묶여 있지 않았으면 한다. 해보고 싶은 게 있다면 해보고 더 특별한 경험을 쌓아보자. 인생은 장기전이다. 넓은 시야로 자신의 인생을 내려다보며 결정하고 선택해야 한다.

"직무가 박봉이어서 고민이에요. 지금이라도 개발로 전향할까요?"

유튜브를 하면서 가장 많이 듣는 커리어 고민이다. 그런데 이상하게도 디자인, 인사, 마케팅, 사무, 개발 등 모든 직무가 이런 고민을 한다. 보통 연봉이 낮으면 직무가 문제라고 생각하는데 사실 직무는 크게 상관없는 경우가 많다. 한번은 디자이너인 사회 초년생이 본인의 연봉이 2,000만 원밖에 되지 않는다며 디자이너는 박봉이라 지금이라도 개발을 배워야 할지 고민 상담을 해온 적이 있었다. 그런데 내게는 디자이너로 한 달에 1,500만 원을 버는 친구와 개발로 1년에 2,000만 원을 버는 친구가 있다. 정말 직무 문제일까? 내가 다녔던 회사들 역시 개발이라고 해서 연봉을 더 주고 일반 사무직이라고 해서 연봉을 적게 주지 않았다. 신입사원의 초봉은 직무에 상관없이 동일했으며 경력이 쌓이면서 본인의 성과에 따라 연봉 상승률이 달라졌다. 즉, 내가 버는 돈은 직무에 따라 다르다기보다 내 시야에 따라, 내가 있는 곳에 따라 달라진다. (대기업 외의 기업들은 직무에 따라 연봉이 다른 경우가 많다.)

최근에 뉴욕에 있는 회사에 스카우트되어 떠난 친구가 있다. 뉴욕이라고 하니 뭔가 다른 세상 사람 같지만 그는 나처럼 고졸 공채로 공기업에 다녔던 사무직렬 친구다. 늘 용감하고 도전적이었던 이 친구는 퇴사를 하더니 하고 싶은 걸 하겠다고 뜬금없이 라멘집에 취업을 했다. 그러더니 얼마 뒤 유튜브에서 구글 개발자의 포트폴리오를 보고는 너무 멋지다며 개발자가 되겠다고 했다. 그렇게 방에 들어가 하루에 15시간씩 개발 공부를 한 지 7개월쯤 지났을까? 갑자기 취업을 했다며 밥을 사준다고 연락이 왔다. 그는 중소기업에 취업을 했고 연봉은 3,000만 원이라고 했다. 이전 직장보다 연봉은 낮아졌지만 눈빛은 반짝반짝 빛나고 있었다. 친구는 몇 달 지나지 않아 이직 소식을 전했고 이후 몇 개월 뒤 또 이직을 하며 어느새 첫 직장 취업 후 만 1년쯤 지났을 때에는 유명한 스타트업 개발팀의 리드(Lead)가 되어 있었다. 그리고 지금은 말했다시피 뉴욕에 있다.

어떤 직무든 그 분야의 상위 10% 안에만 들어도 평균 대비 많은 수입을 받는다. 디자이너, 마케터, 개발자, PD, 작가 등 모든 직군이 동일하다. 새로운 분야에 도전하는 것보다 지금 하는 일에서 상위 10%로 올라가는 게 더 빠를 수 있다. 어떤 직무든 그 분야의 상위 10%를 차지하고 있는 사람들이 건재할 텐데, 전혀 다른 분야에서 일하던 내가 그 직무에 도전하려면 상위 10%까지 올라가는 데에 기존 분야보다 시간이 더 많이 걸린다. 내가 하고 싶은 일이 뚜렷하게 있는 것이 아니라면, 지금 하는 일에서 상위 10%가 되는 길이 연봉을 많이 받는 지름길이라는 이야기다. 안 되는 핑계만 찾다 보면 내 인생은 안 될 수밖에 없고, 되는 방법을 찾으면 잘될 수밖에 없다. 정말로 소득을 올리고 싶다면 지금 하고 있는 일부터 열심히, 깊게 파보자.

나를 지키는 힘

미디어와 숏폼의 홍수 속에서 우리는 스스로 생각하는 힘을 잃어버렸다. 필요한 정보가 있을 때 책을 찾아보거나 깊게 검색해보지 않고, 지인이나 인플루언서들에게 물어보고는 그들이 하라는 대로 한다. 한참 채권에 대한 관심이 커졌을 때, 미국 채권에 대해 알려주는 영상을 올린 적이 있다. 영상은 약 9분이었으며 채권이 무엇인지 설명하며 예·적금과의 금리 비교, 위험에 대해 이야기했다. 그러고는 지금은 환율이 너무 높으므로(1,400원) 달러가 있거나 미국 주식이 있는 사람만 고려해보되 지금 진입하는 것은 위험할 수 있다는 말을 덧붙였다. 영상 마지막에는 "남의 말만 듣고 하는 투자는 절대 하지 마세요. 스스로 공부해보고 확신이 생겼을 때 해야 가장 안전하다는 것을 잊지 않으셨으면 좋겠습니다"라고 마무리했다.

영상이 올라오고 2주 뒤에 한 댓글이 달렸다. 이 영상을 보고 미국 채권에 큰돈을 넣었는데 환전 수수료와 거래 수수료를 빼고 나니 오히려 더 손해라는 이야기였다. 그러면서 다른 구독자들에게 이 영상을 보고 따라 하지 말라고, 자기는 구독을 취소하겠다는 말을 남겼다. 영상에서 분명 환율 리스크 때문에 진입은 위험하다고 했건만 그분은 내가 주의하라고 했던 딱 그 지점을 짚으며 투자를 후회하고 있었다. 영상 초반에 나오는 채권의 장점만 본 걸까? 9분짜리 영상도 다 보지 않고 큰돈을 투자하다니… 굉장히 위험한 일이다.

유튜브에는 나 같은 유튜버 말고도 어떤 기업에서 모델이나 일반인을 섭외해 마치 그들이 직접 운영하는 것처럼 꾸며낸 가짜 채널이 매우 많다. 가짜 투자 정보를 제공하여 사기를 치려는 목적인데, 수법도 지능적이라 비현실적인 수익률을 내세우지 않고, 연 10% 정도의 안정적인 수익률을 낼 수 있다며 사람들을 혹하게 한다. 한번은 투자에 전혀 관심이 없던 지인이 한 유튜버를 보고 1,000만 원을 투자했다며 내게 영상을 보내줬다. 유튜버는 어느 한 기업에 투자하면 연 10%의 수익을 벌 수 있다고 말했지만 그 기업은 주식시장에 상장된 기업도 아닐뿐더러 어떻게 그런 수익률을 보장할 수 있는지 제대로 설명하지 못했다. 그런데 워낙 사람이 선해 보였고 또 영상의 퀄리티가 좋다 보니 투자에 관심 없는 사람들이 속을 만도 했다. 댓글창에는 "저도 투자했어요!" 같은 댓글이 가득했는데 딱 봐도 기계적인 댓글 알바였다. 이런 것에 속는 사람이 이렇게 많다니…. 너무 답답하고 속상했다. 세상에는 좋은 사람도 많지만 사기꾼들도 이렇게나 많아서 잘 모르면 당할 수밖에 없다. 요즘에는 정보를 요약해서 떠먹여주는 콘텐츠가 많다 보니 어느새 우리는 스스로 생각하는 힘을 잃고 다른 사람의 의견에 쉽게 휘둘린다.

모 부동산 유튜버의 강연을 들은 적이 있다. 그는 특정 단지가 저평가되었다며 주목해보면 좋겠다는 식으로 얘기했다. 그랬더니 질의응답 시간 내내 그 단지에 대한 질문이 쏟아졌고, 그로부터 한 달 뒤 그 단지에 매우 많은 실거래 알람이 떴다. 그 유튜버가 일부러 그 단지의 집값을 올리기 위해 추천했다고는 생각하지 않는다. 하지만 이렇게 남의 말만 듣고 바로 투자하는 사람들이 많은 것을 보니 걱정이 됐다. 유명한 사람이 마음만 나쁘게 먹는다면, 다수에게 사기 치는 일은 어렵지 않을 것 같았기 때문이다.

남의 말만 듣고 결심하는 것은 매우 위험하다는 것을 늘

상기해야 한다. 혹시 내가 무슨 자료를 보거나 지인의 말을 듣고 관심이 생겼다면, 그 분야에 대해 공부하고 스스로 확신이 생겼을 때 결정을 해야 한다. 공부도 하지 않고 큰돈을 투자하는 것, 미래에 대한 확신이 없는 상태로 퇴사하는 것. 이런 충동적인 결정은 당장은 편할지 몰라도 미래의 내가 어떻게든 갚아야 할 빚이다.

  우리는 스스로 알아보고 생각하는 것이 귀찮아서 남들에게 쉽게 묻고, 커뮤니티에 질문을 올린다. 때로 다른 사람의 의견은 내가 미처 생각하지 못한 것을 짚어주기도 하지만, 그것 또한 참고만 하되 결정은 내가 심사숙고해서 해야 한다. 내 상황은 내가 제일 잘 알며 아무리 친한 친구라도 내 모든 것을 알 수 없고 그 친구에게는 결정을 할 만한 지식이 없을 수도 있기 때문이다. 특히 중요한 결정일수록 스스로 공부하고 결정을 내려야 후회가 없고 어떻게서든 방법을 찾게 된다. 물론 인생에 명확한 정답은 없다. 내가 선택한 인생을 정답으로 만들어가는 과정만 있을 뿐.

모든 것은 상대적이다

비교하는 마음이 얼마나 괴로운지는 다들 느껴봤을 것이다. 그래서 우리는 남들과 비교하지 않고 내 인생에 집중해보려 노력한다. 하지만 마음먹은 대로 안 되는 게 사람 마음이다. 세상에는 돈 많은 사람, 외모가 뛰어난 사람, 머리 좋은 사람, 인기 많은 사람 등 대단한 사람이 차고 넘친다. 그들과 나를 비교하지 않으려고 하는데도 여전히 그들과 못난 나를 비교하는 생각이 마음 한구석을 비집고 들어온다.

나는 14평짜리 투룸에서 남편과 살고 있다. 처음에는 둘이 살기에 충분한 크기라고 생각했는데 점점 생각이 달라졌다. 내 주변 신혼부부나 SNS에서 본 신혼부부는 적어도 18평

(59제곱미터) 이상에 살고, 친언니는 지방에 있는 48평짜리 아파트에서 남편, 이제 겨우 걸음마를 시작한 조카와 산다. 그러다 보니 내게도 아이가 생기면 좀 더 넓은 집으로 가야겠다는 생각이 들었다. 결국 더 넓은 집으로 이사를 가려면 지금 돈을 더 아껴야 했고 남편과 상의 끝에 부동산 갈아타기를 하기로 했다. 하지만 고민만 하는 사이 어느새 상승장이 와서 매수 타이밍을 놓친 것 같아 서울 빌라에서 월세 살이를 하기로 했다. 10년이 좀 넘은 15평짜리 빌라를 계약하기로 한 날, 아이와 함께 거주하고 있는 임차인 부부를 만나게 되었는데 그들은 여기에서 6년을 살았다고 했다. 성격이 얼마나 시원시원하고 좋으신지 구매한 지 얼마 안 된 에어컨에 큰 슬라이딩 옷장까지 우리가 필요하다면 두고 가신다고 했다.

아이가 있는 임차인 부부와 만나는 동안 나는 속으로 크게 놀랐다. 나는 다른 신혼부부들이 59제곱미터나 84제곱미터에서 시작할 때 49제곱미터를 선택했으니 내가 검소한 생활을 한다고 생각했고 아이를 낳으면 더 넓은 평수, 적어도 59제곱미터로 가는 게 당연한 줄 알았다. 그런데 현실은 그게 아니었다. 지금 평수에서도 세 식구가 충분히 잘 살 수 있는데, 왜 당연히 집을 넓혀야 한다고 생각했을까? 나는 중학생 때까지만 해도 엘리베이터 없는 14평짜리 구축 5층짜리 아파트에서 우리 4인 가족과 잘만 살았는데…. 언제부터 이렇게 눈이 높아진 걸까?

    이런 현상에 대해 많이 생각해보았는데, 요즘엔 미디어나 SNS에서 좋은 집, 비싼 물건, 잘사는 사람들을 쉽게 볼 수 있기 때문이 아닐까 싶다. 예전에도 잘사는 사람들은 있었다. 그러나 그때는 부자라고 하면 중년층 이상의 어른들이 떠올랐다면, 지금은 나와 나이가 비슷하거나 더 어려 보이는 사람도 한강 뷰 아파트에 살고, 명품 가방을 들고, 주말이면 호캉스를 떠난다. 스크롤만 내리면 또래들의 화려한 인생이 보인다. 오마카세에 가고 트렌디한 팝업 스토어에서 쇼핑하는 모습을 보면 그런 소비가 특별한 것이 아니라 자연스럽게 느껴진다. 이런 환경에서는 나도 모르게 더 비싸고 좋은 것을 찾게 된다. 48평에 사는 언니를 보며 아이를 낳으면 당연히 넓은 집에 살아야 한다고 생각했던 나처럼….

    우리는 '보는 것'을 주의해야 한다. SNS를 안 하고 현재의 삶에 집중하는 게 최고의 방법이지만, SNS를 하지 않으면 지인들의 소식이 완전히 끊기기에 그만두기는 현실적으로 어렵다. 그렇다면 과한 소비를 조장하고 나의 소비 습관에 영향을 끼친다고 생각되는 사람들의 콘텐츠를 눈에서 안 보이게 해보는 건 어떨까? 나는 브랜드나 서비스, 소비 콘텐츠를 자주 올리는 계정들은 숨김/차단 처리를 한다. 물론 나에게 좋은 물건이나 서비스가 있겠지만, 내 경험상 광고를 보고 산 물건이나 서비스를 소비하며 만족한 적은 드물었다. 애초에 필요해서 산 물건이 아니라 나도 모르는 사이 마케팅에 넘어가 충동적으로 산 물건이었기 때문이다. 내부분은 이미 필요한 물건들을 다 가지고 있기에 요즘의 소비 트렌드는 생존에 필요한 욕구를 충족하는 니즈(Needs)가 아니라 사회적 욕구를 충족하는 원츠(Wants)라고 한다. 꼭 사야 할 필요성이 없음에도 눈에 보이니까 욕구가 생기고 사게 된다. '보이는 것'에 휘둘리지 않으려면 내가 '보는 것'을 직접 선택해야 한다. 스스로 차단하는 연습을 해보자. 쓸데없는 지출은 줄어들고, 마음에는 평화가 찾아온다. 자극적인 것을 눈앞에서 없앴다면 이제는 내가 몰두하고 싶은 것을 찾아보는 건 어떨까? 그렇게 내 인생은 더 풍족해질지도 모른다. 어쩌면 우리는 어디에 몰두해야 할지 몰라서 이곳저곳 기웃거리느라 자극적인 매체에 휩쓸리고 있는지도 모른다.

무주택자는 유주택자가 부럽고, 애매한 집을 사서 유주택자가 된 사람은 오히려 무주택자가 부럽다. 미혼은 결혼한 친구가 부럽지만, 결혼한 친구는 일정을 자유롭게 쓸 수 있는 미혼을 그리워한다. 젊은 사원은 연봉 많은 부장이 부럽고, 연봉 많은 부장은 실수를 해도 쉽게 용서받는 사원이 부럽다. 서울 사람은 지방의 저렴한 집값이 부럽고 지방 사람은 서울 사람이 누리는 인프라가 부럽다. 직장인은 물리적 제약이 없는 프리랜서가 부럽고 프리랜서는 시장 분위기에 상관없이 안정적으로 월급을 받는 직장인이 부럽다. 이렇게 우리는 자신이 가진 것의 좋은 점을 보지 못한 채 너무 쉽게 비교 지옥으로 걸어 들어간다. 비교 때문에 마음이 힘들어질 때 일주일이라도 SNS를 차단하고 내 마음의 소리에 귀를 기울여 보는 건 어떨까? 날씨 좋은 날 주변 공원에 산책도 가고, 일찍 여는 브런치 카페에서 브런치도 먹어보고. 생각보다 행복은 멀리 있지 않다. 내가 가진 것에 감사하고 그것을 즐길 수 있을 때 비로소 남이 아닌 내가 만든 행복을 누릴 수 있다.

  나는 매일 아침 감사 일기를 쓴다. 매번 감사한 일이 있어서 쓰는 것은 아니지만, 아침마다 뭐라도 쥐어짜서 감사를 해 보면 내가 가진 것들을 알게 되고 삶에 감사하게 된다는 사실을 깨달았다. 스스로 의식하지 못할 뿐, 나는 이미 필요한 것을 다 가지고 있다. 건강한 몸, 건강한 정신… 이거면 모든 걸 할 수 있다.

에필로그

평범한 이십 대에서
진정한 어른으로

    제가 운영하는 유튜브 채널 〈시골쥐의 도시생활〉이 어느 정도 자리를 잡았을 무렵, 여러 출판사에서 책을 내자는 제안들을 많이 주셨습니다. 죄송한 마음으로 늘 거절의 답장을 보냈었는데 그 이유는 아직 제가 책을 쓰기에는 부족하다는 생각 때문이었습니다. 제 머릿속에 '책을 쓰는 사람'이란 인생 경험이 많고 전문 지식으로 무장한 어른이었습니다. 역량이 부족한 제가, 운 좋게 유튜브 조금 잘됐다고 그 인기에 기대고 싶지는 않았습니다.

    그런데 3년의 시간이 흐르며 생각이 바뀌었습니다. 그동안 8년 넘게 회사를 다니면서 겪은 사회생활들, 다수의 실패 끝에 성공한 이직, 뼈를 묻을 줄 알았던 직장에서의 퇴사, 생각지도 못했던 창업, 어른의 일이라고만 생각했던 내 집 마련

등 이제는 제가 지나온 삶의 이야기도 누군가에게 도움이 될 수 있지 않을까 생각하게 된 것입니다. 특히 제가 하는 돈에 관한 이야기라면, 제가 그랬던 것처럼 돈이 아직 어려운 이십 대들에게 도움이 될 수 있을 것 같았습니다.

서점에서 경제·경영서 매대에 가면 100억대 자산가부터 주식 부자, 코인 부자의 책들이 가득합니다. 저에게도 너무 아득하게 먼 사람들의 성공 스토리입니다. 그분들의 이야기가 필요한 사람이 있다면, 경제적 독립을 향해 차근차근 걸어 나갔던 평범한 이십 대의 이야기를 궁금해하는 사람도 있을 거라는 생각이 들었습니다. 그래서 저의 이야기를 쓰기 시작했습니다.

생각과 경험을 긴 글로 쓰는 것이 쉽지는 않았습니다. 그럴 때마다 돈도 어렵고 사회생활도 어려운, 그리고 진로 고민도 많은 과거의 제 모습, 사회 초년생을 독자로 상상하면 글이 잘 써졌습니다. 재테크 정보도 최대한 쉽게, 당장 오늘이라도 시작하고 싶게끔 단순하게 설명하려고 노력했습니다. 초보자가 아닌 분들에게는 너무 쉬워 보일지도 모르지만, 재테크의 기초를 한번쯤 더 정리하고 간다는 생각으로 읽어주셨으면 좋겠습니다. 누군가가 이 책을 보고 미루기만 했던 재테크를 시작하게 되었다면, 삶에서 고민했던 도전을 해보게 되었다면 더할 나위 없이 기쁠 듯합니다.

    이 책을 쓸 수 있도록 이십 대에 많은 영향을 주신 회사 동료 및 선배님들, 힘든 과정을 함께 극복해낸 우리 가족, 시골쥐 채널을 좋아해주고 응원해주는 골쥐들 모두 감사합니다.

돈이 어렵지 않은 어른이 된다는 것

초판 1쇄 발행 2024년 11월 5일
초판 7쇄 발행 2025년 10월 31일

지은이 시골쥐

발행인 윤승현 **단행본사업본부장** 신동해
편집장 김경림 **디자인** 최희종
마케팅 최혜진 이인국 **홍보** 송임선
제작 정석훈

브랜드 웅진지식하우스
주소 경기도 파주시 회동길 20
문의전화 031-956-7214 (편집) 031-956-7089 (마케팅)
홈페이지 www.wjbooks.co.kr
인스타그램 www.instagram.com/woongjin_readers
페이스북 www.facebook.com/woongjinreaders
블로그 blog.naver.com/wj_booking

발행처 ㈜웅진씽크빅
출판신고 1980년 3월 29일 제406-2007-000046호

© 시골쥐, 2024
ISBN 978-89-01-29000-3 03320

- 웅진지식하우스는 ㈜웅진씽크빅 단행본사업본부의 브랜드입니다.
- 이 책은 저작권법에 의해 한국 내에서 보호를 받는 저작물이므로 무단 전재와 무단 복제를 금합니다.
- 책 내용의 전부 또는 일부를 이용하려면 반드시 저작권자와 ㈜웅진씽크빅의 서면 동의를 받아야 합니다.
- 책값은 뒤표지에 있습니다.
- 잘못된 책은 구입하신 곳에서 바꾸어 드립니다.